"芯"路丛书

● 复旦大学 组 编
张 卫 丛书主编

一路"芯"程

集成电路的今昔与未来

沈磊 著

上海科学普及出版社

图书在版编目（CIP）数据

一路"芯"程：集成电路的今昔与未来 / 沈磊著；复旦大学组编. -- 上海：上海科学普及出版社，2022.4
（"芯"路丛书 / 张卫主编）
ISBN 978-7-5427-8082-9

Ⅰ.①一… Ⅱ.①沈… ②复… Ⅲ.①集成电路产业－产业发展－研究－中国 Ⅳ.① F426.63

中国版本图书馆 CIP 数据核字 (2021) 第 196996 号

出 品 人　张建德
策　　划　张建德　林晓峰　丁　楠
责任编辑　林晓峰
装帧设计　赵　斌

一路"芯"程
——集成电路的今昔与未来
沈　磊　著
上海科学普及出版社出版发行
（上海中山北路 832 号　邮政编码　200070）
http://www.pspsh.com

各地新华书店经销　启东市人民印刷有限公司印刷
开本 720×1000　1/16　印张 10　字数 150 000
2022 年 4 月第 1 版　2022 年 4 月第 1 次印刷

ISBN 978-7-5427-8082-9　定价：65.00 元

"'芯'路丛书"编委会

主　任　张　卫

副主任　艾　竹　陈　颖

委　员　（按姓氏笔画为序）

丁士进　马顺利　殳　峰　卢红亮　叶　凡　伍　强

任俊彦　刘子玉　许　俊　纪新明　吴　昌　沈　磊

范益波　林　青　杨晓峰　俞少峰　陶　俊　解玉凤

序　言

当今世界，芯片驱动世界，推动社会生产，影响人类生活！集成电路，被称为电子产品的"心脏"，是信息技术产业的核心。集成电路产业技术高度密集，是人类社会进入信息时代、智能时代的重要核心产业，是一个支撑经济社会发展，关系国家安全的战略性、基础性和先导性产业。在我们面临"百年未有之大变局"的形势下，集成电路更具有额外重要的意义。

当前，人工智能、集成电路、先进制造、量子信息、生命健康、脑科学、生物育种、空天科技、深地深海等前沿领域都是我们发展的重要方面。在这些领域要加强原创性、引领性科技攻关，不仅要在技术水平上不断提升，而且要推动创新链、产业链融合布局，培育壮大骨干企业，努力实现产业规模倍增，着力打造具有国际竞争力的产业创新发展高地。新形势下，对于从事这一领域的专业人员来说既是一种鼓励，更是一种鞭策，如何更好地服务国家战略科技，需要我们认真思索和大胆实践。

集成电路产业链长、流程复杂，包括原材料、设备、设计、制造和封装测试等五大部分，每一部分又包括诸多细分领域，涉及的知识面极为广泛，对人才的要求也非常高。高校是人才培养的重要基地，也是科技创新的重要策源地，应该在推动我国集成电路技术和产业发展过程中发挥重要作用。复旦大学是我国最早从事研究和发展微电子技术的单位之一。20世纪50年代，我国著名教育家、物理学家谢希德教授在复旦创建半导体物理专业，奠定了复旦大学微电子学科的办学根基。复旦大学微电子学院成立于2013年4月，是国家首批示范性微电子学院。

"'芯'路丛书"由复旦大学组织其微电子学院院长、教授张卫等从事一线教学科研的教授和专家组成编撰团队精心编写,与上海科学普及出版社联手打造,丛书的出版还得到了上海国盛(集团)有限公司的大力支持。丛书旨在进一步培育热爱集成电路事业的科技人才,解决制约我国集成电路产业发展的"卡脖子"问题,积极助推我国集成电路产业发展,在科学传播方面做出贡献。

该丛书读者定位为青少年,丛书从科普的角度全方位介绍集成电路技术和产业发展的历程,系统全面地向青少年读者推广与普及集成电路知识,让青少年读者从感兴趣入手,逐步激发他们对集成电路的感性认识,在他们的心中播撒爱"芯"的"种子",进而学习、掌握"芯"知识,将来投身到这一领域,为我国集成电路技术提升和产业创新发展做出贡献。

本套丛书普及集成电路知识,传播科学方法,弘扬科学精神,是一套有价值、有深度、有趣味的优秀科普读物,对于青年学生和所有关心微电子技术发展的公众都有帮助。

中国科学院院士

2022 年 1 月

目　录

第一章　星星之火
——集成电路发展进程　/　1

从电子管到晶体管　/　1
集成电路的降生　/　11
一个神奇的定律——摩尔定律　/　15
走近集成电路　/　17
无处不在的集成电路　/　20

第二章　沙中蹦出的蓝精灵
——集成电路芯片由来　/　22

来自大自然的礼物　/　22
神奇的点沙成"晶"　/　24
由"晶"到"芯"　/　27
托起那颗"芯"的产业　/　31
"芯"的成长　/　34

第三章　硅谷神话
——美国集成电路产业发展历程　/　36

硅谷的传奇　/　36

　　硅谷的创新力　/　41
　　世界集成电路王者——英特尔　/　50
　　执世界集成电路技术与产业牛耳　/　57
　　游戏规则长袖善舞　/　60

第四章　超力军团
——欧洲集成电路产业发展历程　/　66

　　军团方阵形成　/　66
　　联合——万变不离其宗　/　70
　　创新之源——IMEC　/　73
　　阿斯麦（ASML）的成长告诉我们什么　/　78

第五章　"芯"之崛起
——日本、韩国、新加坡集成电路产业发展历程　/　84

　　日本推动集成电路发展的举国模式　/　84
　　来自美国的两份协议对日本集成电路产业的逼迫　/　88
　　日本仍然雄霸世界集成电路产业的底气　/　91
　　美日之争的受益者——韩国集成电路产业的突起　/　94
　　风雨中的新加坡集成电路产业　/　102

第六章　宝岛"芯"云
——中国台湾地区集成电路产业发展历程　/　107

　　集成电路工程师的摇篮——"工研院"　/　107
　　培养芯片的沃土——新竹科学园区　/　111
　　全球晶圆代工的引领者——台积电　/　112

第七章　砥砺前行
　　　　——中国大陆集成电路产业发展历程　/　115

　　世界集成电路舞台中国大陆不可缺席　/　116
　　探索中艰难前行　/　117
　　新时代的赶潮者　/　124
　　"卡脖子"下的中国大陆集成电路产业　/　128
　　闯关夺隘不负国家重托　/　130

第八章　世界集成电路的未来
　　　　——集成电路技术展望　/　135

　　多元并行的设计　/　135
　　相互交融的制造　/　137
　　精细精准的设备　/　139
　　复合多样的材料　/　141
　　融于生活的应用　/　143
　　开放、合作、融合、共赢　/　144

参考文献　/　148

第一章　星星之火
——集成电路发展进程

在人类文明进步发展的璀璨历程中曾有很多重要阶段和里程碑值得今天的人们去回望和反思。远古时代钻木取火燃起的那一缕人类文明的星星之火，曾不断推动着人类社会进步的历史车轮滚滚向前，也不断促进着人类去探索未知，革新自我，发现新知识，终成今天的燎原之势。纵观人类科技发展史，也许还没有哪门学科如电子科学与技术那样几乎涉及所有数学、物理、化学和众多工程技术基础学科，也没有哪门技术如电子科学与技术那样纵横驰骋从微观粒子到宏观系统应用的各个领域。从"爱迪生效应"到真空电子管，从真空电子管到半导体晶体管，从半导体晶体管到现代集成电路，电子科学与人类文明进步相伴一个半世纪，尤其是半导体集成电路这一电子科学的引领技术，更是打通了现代电子学和信息技术发展之路，助推了人类社会经济、科学、文化飞速发展，由半导体学科支撑的集成电路技术发展的每一个节点都具有史诗般的里程碑作用。回望来路，漫漫发展长河中曾涌现出的那些披荆斩棘、勇立潮头的人和事，将引领和激励我们更加奋发向前。

从电子管到晶体管

火，给人类带来了光明，更带来了希望。正是人类掌握了火的应用，使得人类得以获得强大自然力的帮助，进而极大促进了人类的进化。火的光明不断引领着人类社会进步的步伐，推动着人类文明的发展与延续。发明家托

马斯·A.爱迪生（Thomas A. Edison，1847—1931年）发明的电灯更是以一种前所未有的创造延续着这股光明与希望的力量，电灯的发明从某种意义上讲是人类进入现代社会的标志。但是伟大的爱迪生没有料到的是，他在为现代人类社会带来电灯这一现代光明之源的同时，又无意间悄悄开启了促进人类现代化发展，尤其是几百年后对人类信息化社会的突飞猛进产生深远影响的现代电子学大门。

1883年，爱迪生为提高电灯泡性能和使用寿命，正通过实验在苦苦寻找最佳灯丝材料。一次实验中，他在抽成真空的电灯泡内部碳丝附近安装了一小段铜丝，希望铜丝能阻止碳丝蒸发，以期延长灯丝使用寿命，遗憾的是实验失败了。但实验中一个一瞬即逝的现象却引起了他的注意，就是那一小段没有连接在电路里的铜丝，却意外地被电流表检测到了与之相连的金属片中有微弱电流通过，以当时的知识这是相当费解的，难道电流会无中生有从空气中掉下来吗？爱迪生虽然相当迷茫，但他并没有轻易放弃。发明家探索未知的天性促使他进一步深入试验，在进一步的试验中，爱迪生发现只有当金属片与电源的正极相连时才会产生电流，反之则不会。爱迪生把这个发现申请了专利，这种现象因而被人们称之为"爱迪生效应"（Edison effect）。爱迪生万万没有料到，自己的这一不经意之举却打开了影响人类社会发展的现代电子学大门。爱迪生发明的电灯不仅延续了大自然火种的神奇力量，更为人类照亮了通往信息化的新时代之路（图1.1）。

图1.1 爱迪生和他发明的电灯泡

爱迪生虽然把这个效应注册了专利，但当时，爱迪生和同时代的发明家都无法理解这一效应，更不知道原理是什么，当然也不知道能用来做点什么。1884年，英国发明家约翰·A.弗莱明（John A. Fleming，1864—1945年）远涉重洋来到美国，专程拜会慕名已久的爱迪生，会面中，爱迪生再次演示了"爱迪生效应"，遗憾的是，由于当时知识的局限，机理尚未搞明白，这个伟大的开端仅仅停留于两人交谈的话题中，但这并不会妨碍人类前进的脚步，因为那扇通往光明道路的大门已经被打开。时间来到1897年，英国物理学家约瑟夫·J.汤姆生（Joseph J. Thomson，1856—1940年）在研究中发现了一种以前并不知道的具有电特性的微观物质，这种微观物质就是电子。科学家用电子来解释"爱迪生效应"的原理，发现原来是电子从加热的灯丝表面逃逸，被连着金属片的那段铜丝捕获的结果。来，让我们还原一下上面的实验，当金属片连接电源正极，由于电子带负电，异性相吸，连接金属片的铜丝便会接收到来自灯丝的电子，进而在金属片那端就被检测到有电流通过。反之，当金属片连接电源负极，电子带负电，同性相斥，连接金属片的铜丝便不会接收到来自灯丝的电子，金属片也就检测不到有电流通过了。至此"爱迪生效应"在电子学上有了一个专业的名称——热电子发射（Thermionic Emission）。现在机理搞明白了，实验也验证了，是到了开动起来该干点什么的时候了。1904年，随着认知的加强，当年拜会爱迪生的弗莱明利用"爱迪生效应"并结合热电子发射原理，在一个和爱迪生发明的电灯泡类似的抽成真空的玻璃管内部安装了两个电极，一个用灯丝加热，一个是冷的金属片。热的电极被称为阴极（Cathode），冷的电极被称为阳极（Anode），这样就构成一个有两个电极的真空二极管。当阴极与电源负极相连、阳极与电源正极相连时，电子就从灯丝跑到金属片那端，真空二极管导通，反之，真空二极管不通，其效果相当于一个单向开关，所以真空二极管起到的作用就是单向阀门，人们称之为"弗莱明阀门"。我们知道，二极管单向导通特性正好可以用作无线电波的检波器。有了这个好开端，真空二极管的前进脚步就没停歇过，一路狂奔迎来了具有现代电子器件深远意义的真空电子三极管。

　　1906年的某一天，美国发明家李·德弗雷斯特（Lee deForest，1873—1961年）突然间脑洞大开，在真空二极管的灯丝和金属片这阴阳两极之间增加了一根波浪形的金属丝（后来金属丝被改成金属网）作为第三极，这个增加的第三电极被称为栅极（Grid），这样加上原来的阴极、阳极，真空玻璃管内就有了三个极，不要小看这增加的第三极，这下石破天惊，推动计算机等电子设备不断发展的电子领域一代天之骄子真空电子三极管横空出世。试验中，德弗雷斯特惊讶地发现，波浪形金属丝被装入真空管形成第三极后，只要把一个微弱的变化电压加在它上面，就能在阳极接收到更大的变化电流，而且电流变化与第三极所加电压变化成正比关系。德弗雷斯特实验中发现的现象正是三极管的"放大"效应。为了进一步证实这个发明有实际应用价值，1912年，德弗雷斯特来到美国加利福尼亚州旧金山附近的帕罗奥多小镇，住在爱默生大街913号小木屋里反复进行着各种试验。一天，德弗雷斯特做了一个试验，他把几个真空电子三极管以上一个三极管的输出作为下一个输入的方法串联起来，然后把一个电话机话筒接入第一个三极管的第三极（栅级），再把最后一个真空电子三极管的阳极与耳机相连。一切就绪，当他把自己的手表放在话筒前方时，原本手表微弱的"嘀嗒"声几乎把戴着耳机的他的耳朵都快震聋了。成功了！真空电子三极管特性得到论证，并被第一次证实可以用作电信号放大器，一个划时代的人类革新大幕被徐徐拉开（图1.2）。

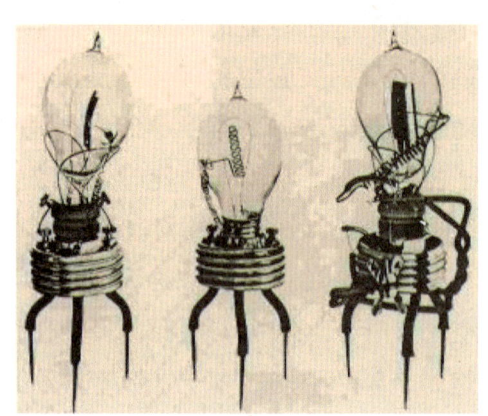

图 1.2　李·德弗雷斯特和他发明的真空电子管

今天人们如果来到帕洛阿托小镇爱默生大街913号，一定可以见到在德弗雷斯特故居前以帕洛阿托市政府名义竖立着一块小小的纪念牌，牌上书写着一行文字："李·德弗雷斯特在此发现了电子管的放大作用"，以此来纪念这项为新兴电子工业奠定基础的伟大发明。更值得一提的是，如今帕洛阿托小镇所在的美国加利福尼亚州旧金山湾区，已发展成为与现代人类社会进步息息相关的、闻名全球的半导体集成电路产业圣地——硅谷（Silicon Valley）。

人类永远不会停下创新发展的脚步，1913年，美国电话电报公司（AT＆T）意识到作为电信号放大器，真空电子三极管无论对于无线电通信还是长途有线电话通信都具有极大的价值。经过一番谈判，这年7月，AT＆T和德弗雷斯特达成协议，德弗雷斯特把他的真空电子三极管专利以 39 万美元的价格转让给 AT & T。AT & T 有了这根定海神针，于 1925 年成立了后来享誉世界的"贝尔电话实验室公司"，后改名为贝尔实验室（Bell Laboratory），进一步支持这类基础研究，这一举措注定贝尔实验室是一个不断创造科学奇迹的摇篮。

物理课程中告诉过我们一个基本电学知识，就是像电阻、电容、电感这类二端元件，它们的两个电极无法直接分开，必须共享负载，因此单纯使用这些二端元件只能组成分压或分流电路，绝无可能去放大一个电信号，它们仅仅起到一个开关的作用。但是到了德弗雷斯特时代，他发明的真空电子三极管，输入、输出端可以分开连接，并能通过输入端控制输出端信号，再给输入和输出端连接不同大小的负载，就可以实现增益大于 1 的信号放大。真空电子三极管的出现为系统电路设计开创了一条新途径，人们将真空电子三极管的发明看作现代电子工业真正的起点，就是因为真空电子三极管是人类科技史上第一次实现了信号放大功能的发明创造。

真空电子三极管这个小天使的横空出世，促进了语音放大以及海上和空中通信等应用的加强，这样可以把新闻、教育、文艺和音乐等各类信息通过空中无线电波传送到千家万户，小天使给人类社会带来了信息和欢乐。更重要的是，除了在通信领域的应用，真空电子三极管在计算机领域更是大显身手。我们知道，在使用电子管之前，要实现计算机逻辑运算，使用的核心部件是机械和电磁元件。1940 年，由美国爱荷华州立大学（Iowa State University，ISU）数学和物理学教授约翰·V. 阿塔纳索夫（John V. Atanasoff，1903—1995 年）和他的学生克利福特·贝瑞（Clifford Berry，1918—1963 年）共同设计建造完成世界上第一台主要由真空电子三极管组成的电子计算机，这台电子计算机被命名为阿塔纳索夫—贝瑞计算机（Atanasoff-Berry Computer，ABC）。这台计算机有数百个电子三极管，以鼓状电容器来存储信息，第一次体现了"电子计算机"的"电子"意义（图 1.3）。

阿塔纳索夫—贝瑞计算机的破壳降临开创了真空电子三极管在计算机系统应用的先河，但这还仅仅是一个开始。同一时期，在美国费城宾夕法尼亚大学（University of Pennsylvania，UPenn）莫尔电气工程学院读研究生、后来成为计算机先驱的天才工程师约翰·P. 埃克特（John P. Eckert，1919—

图 1.3　约翰·阿塔纳索夫和阿塔纳索夫—贝瑞计算机

1995 年）和时年 36 岁、担任宾夕法尼亚州乌尔辛纳斯学院物理系主任的美国物理学家约翰·莫奇利（John Mauchly，1907—1980 年）共同领导莫尔学院 50 人的团队，在全力研制一种能高速进行炮弹弹道复杂微积分运算的计算装置。1946 年 2 月 14 日，在西方国家"情人节"这天，电子管计算机的巅峰之作、大名鼎鼎的 ENIAC（Electronic Numerical Integrator and Computer，电子数字积分器与计算机）在这个浪漫的日子带着上天对人类的美好祝愿翩然而至（图 1.4）。最初这台设备只是为了处理繁杂的弹道计

图 1.4　约翰·P.埃克特、约翰·莫奇利以及世界上第一台通用计算机 ENIAC

算中的微积分而设计的，因此取名电子数字积分器（Electronic Numerical Integrator），但由于它的通用性，可以被用于各种其他计算，才有了追加的"and Computer"。从某种意义上而言，ENIAC 是世界上第一台通用电子计算机，它的造价是 48.7 万美元，相当于今天的 700 多万美元。今天的人们也许无法想象，这台诞生于一个浪漫日子的 ENIAC 却是一个庞然大物，重达 27 t，总长约 30 m，高约 4 m，宽约 0.9 m，占地约 167 m^2，需要安置在一个很大的房间里。这台电子计算机体内大约包含着 18000 个电子管、70000 个电阻、10000 个电容和 1500 个继电器，以及 500 万个焊接点，每小时吞掉

150 kW 电量，据说 ENIAC 一启动，整个费城的灯光都要暗下去。ENIAC 这颗人类的科技之星照耀着人类社会进步之路，启发和引领了科学技术的向前发展。

  1955 年 10 月 2 日晚上 11 时 55 分，具有里程碑意义的 ENIAC 在运行了近 10 年后正式退役。1996 年，在 ENIAC "诞生" 50 周年之际，宾夕法尼亚大学出资采用半导体集成电路技术定制了一颗长 7.44 mm、宽 5.29 mm 的芯片，在这颗芯片上实现了 ENIAC 的全部功能的同时，也庄重地向世人宣告电子管计算机向晶体管计算机转变的时代到来了，这也再一次让我们深切感受到，正是由于一代又一代科学家和工程技术人员的不懈努力和孜孜以求，用他们的智慧和奉献推动着人类科学技术不断向前发展，才会出现从对电信号的简单整流检波，到电信号被主动放大，更有了信号与数据高速处理的质的飞跃；才会出现从电灯泡研制偶然发现的"爱迪生效应"，到二极管、真空电子三极管，更进一步开创性地研制出半导体晶体管，最终促成半导体、集成电路技术的爆发性发展。也正是由于创造出半导体晶体管和集成电路技术，使得当年由电子管组成的、占满整整一大间屋子的 ENIAC，在其"诞生" 50 周年后能够"缩身"到只有硬币大小的一颗芯片里，完成从电子管到半导体集成电路的华丽转身（图 1.5）。至此，让我们稍稍掩卷，向那些不畏艰难、奋勇探索的科技前行者隔空致以最崇高的敬意。

  沿着历史长河一路行走，我们面前又即将闪现一个现代电子革命的大神——晶体管。真空电子三极管能耗大、稳定性不够，这些促使科学家去积极探索新的元器件，以期完成对电子管的升级换代。为此，许多科学家开始投入半导体晶体管（三极管）的研究之中。此时我们站在电子管向晶体管转型的历史关口，将如身临其境般感受一幕创新大剧的

图 1.5 芯片上的 ENIAC

上演。

好了，等得有点着急了吧，急着想一睹半导体晶体管诞生这幕历史大剧的开始。且慢，为更好观剧和理解，大主角半导体晶体管隆重登场之前，我们先来体验一个关于半导体晶体管的核心结构 PN 结是如何"推动乾坤"的小序幕。

半导体材料由于所含杂质不同可分成以电子主导的 N 型半导体（N 为 Negative 的首字母，由于电子带负电荷而得此名）和以空穴主导的 P 型半导体（P 为 Positive 的首字母，由于空穴带正电而得此名）两种类型。N 型半导体特点是自由电子浓度较高，电子一有机会就想往外跑，而 P 型半导体恰恰相反，含"空穴"（可由电子来填充的空位）浓度较高，它的特点是总想捕获别人家的电子。N 型半导体与 P 型半导体紧密接触结合就构成现代半导体晶体管的基石——PN 结（PN Junction）。

现在让我们来看看 PN 结是怎么孕育成的（图 1.6）。在没有外在电压激励的情况下，N 型半导体区的自由电子会迫不及待地往 P 型半导体区跑并占据 N 型半导体与 P 型半导体交界区域的空穴，这个现象在半导体物理学中被称为电子的扩散运动。

我们设想一下，由于电子的扩散运动在 P 型半导体区临近交界区域的空穴获得了电子，轻微地带上了负电。同样的，N 型半导体区临近交界面的区域因为失去了电子，"空穴"占了优势，进而轻微带上了正电，这个带正电的区域反过来又会吸引跑到 P 型半导体区的电子跑回 N 型半导体区，这样反复互相"拖拽"就会让电子在 P 型半导体区与 N 型半导体区的交界面附近区域达到一种动态

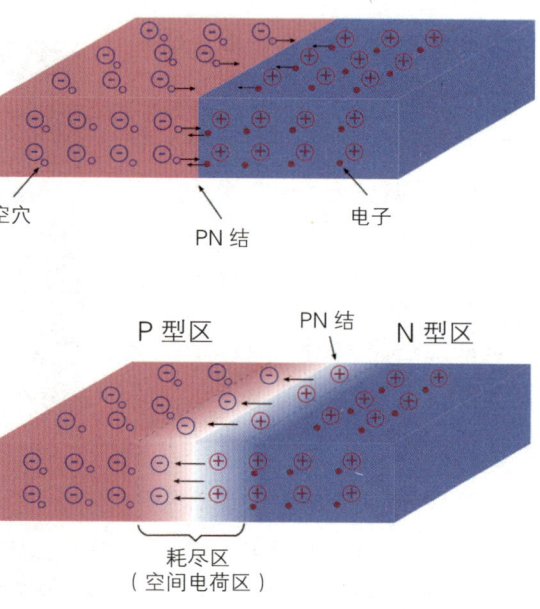

图 1.6 PN 结耗尽区形成原理图

平衡。这个 P 型半导体区与 N 型半导体区交界面处电子、空穴处于动态平衡的临近区域就称为 PN 结,因为它耗尽了空间电荷的活力,因而也被称为耗尽区。

一个 PN 结就可组成一个半导体二极管。半导体二极管具有导通、截止两种状态(图 1.7)。最后还要提醒注意的是,当半导体二极管处于截止状态时的外加电压超过一定数值时,半导体二极管也会在截止状态下突然出现反向导通,半导体物理学中把这种现象称之为击穿。

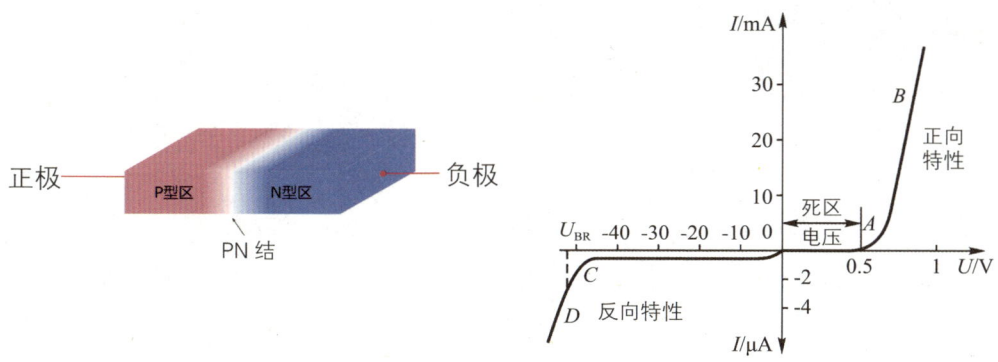

图 1.7　半导体二极管结构原理图和导通、截止、击穿曲线

有了 PN 结概念,当我们遇见半导体晶体管的时候就没有违和感了。现在就让我们屏住呼吸,全神贯注迎接半导体晶体管的呱呱坠地吧。还记得前面我们曾提到过的贝尔实验室吗?对,就是德弗雷斯特把他的真空电子三极管专利转让给的那个即将创造奇迹的贝尔实验室。这里先让我们认识一下创造奇迹的三位大神:威廉·肖克利(William Shockley,1910—1989 年)、约翰·巴丁(John Bardeen,1908—1991 年)和沃尔特·H. 布拉顿(Walter H. Brattain,1902—1987 年)。现在让我们穿越时空来到 1947 年圣诞前夕的那个早晨,看一看在贝尔实验室里到底发生了什么?那天早晨,实验小能手布拉顿设计了一个为后人一直津津乐道的实验。他剪了一片三角形塑料薄片,并在其狭窄而平坦的两个侧面上牢牢地粘上一条金箔,然后用刀片在包有金箔的三角形塑料薄片的顶端切了一刀,这样就非常巧妙地使金箔条形成两个靠得非常近的金箔触点,然后布拉顿又用一枚回形针制成一个小弹簧,在弹簧上加压把已经形成两个靠得非常近的金箔触点的三角形塑料薄片端压在半导

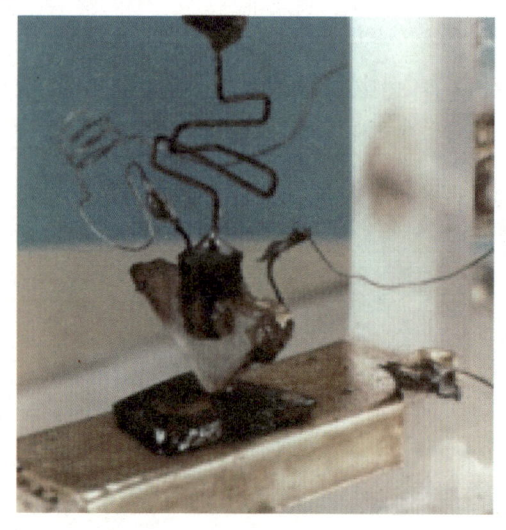

图 1.8 贝尔实验室第一个晶体管

体锗片上。这个看似简单的实验装置，却呈现了世界上第一只半导体晶体管放大器的效果（图 1.8）。在那个令人激动的时刻，布拉顿按捺住内心的兴奋，仍然一丝不苟地在实验记录中写道："电压增益 100，功率增益 40，电流损失 1/2.5……"当时在场见证的巴丁、皮尔逊、摩尔、肖克利等人分别在布拉顿的实验记录本上签上了日期和他们的名字以示认同。这一天是 1947 年 12 月 23 日，是影响人类文明前进发展的一天，因为从这一天开始，电子元器件才能越来越小、越来越稳定，并具备了快速发展的基础。在为这种器件命名时，布拉顿想到它的电阻变换特性，即它是靠从"低电阻输入"到"高电阻输出"的转移电流来工作的，于是取名为 Trans-resistor（转换电阻），后来缩写为 Transistor，中文译名就是晶体管。其原理图如图 1.9 所示。

历史前进的脚步并没有停止在 1947 年 12 月 23 日这个激动人心的时刻，伟大的科学家们仍在不断探索。1948 年 11 月，肖克利构思出一种把 N 型半导体夹在两层 P 型半导体之间，结构像"三明治"面包那样的结型晶体管，这是一个非常富有开创性想象力的设计，这就是今天平面晶体管结构的原型。1948 年和 1950 年，肖克利分别发表论文《半导体中的 P-N 结和 P-N

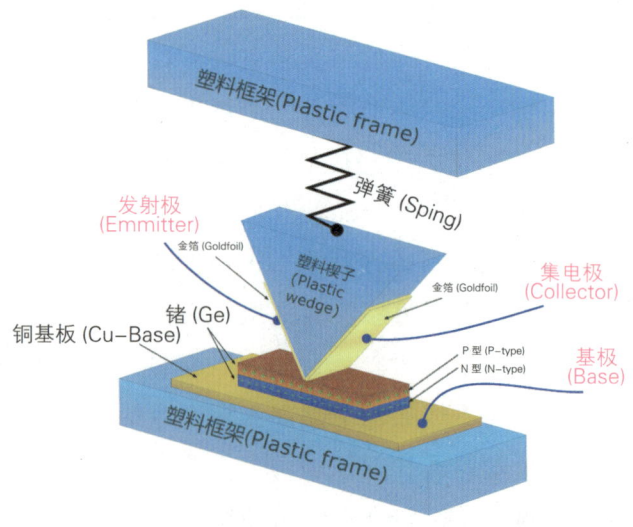

图 1.9 第一个晶体管原理图

结型晶体管的理论》与《半导体中的电子和空穴》，从理论上阐述了晶体管工作机理。肖克利凝练的晶体管原理和巴丁提出的半导体表面态理论再加上布拉顿天才的晶体管实验，使当今人类能够站在更高的高度体验人类社会的科学进步。1956 年 12 月

图 1.10　巴丁（左）、肖克利（中）、布拉顿（右）

10 日，肖克利、巴丁和布拉顿因晶体管这一伟大发明，共同获得诺贝尔物理学奖（图 1.10）。

历史事实一次次告诫我们，在人类科技进步发展的征程中，对未知新生事物要永远保持一种探索精神。正是由于好奇与不懈的探索，伟大的发明家爱迪生发明了"照亮"现代人类社会的电灯，而在做电丝实验过程中的偶然现象又促使爱迪生研究发现了"爱迪生效应"，英国发明家弗莱明运用"爱迪生效应"和汤姆生热电子发射原理发明了真空二极管。在此基础上，美国发明家德弗雷斯特在真空二极管的灯丝和金属片阴阳两极之间用金属增加了一个栅极，创造性地发明了晶体管的鼻祖真空电子三极管，再创奇迹——信号可以被"放大"。而贝尔实验室三杰肖克利、巴丁和布拉顿更是天才般创造出半导体晶体管，使"爱迪生效应"的星星之火不断被扩展，促成以晶体管为基础的半导体集成电路技术发展成为今天信息社会的基石。

集成电路的降生

2000 年 12 月 10 日下午 4 时，金碧辉煌的瑞典斯德哥尔摩诺贝尔奖颁奖大厅迎来了一位来自美国堪萨斯州的老人，这位老人就是集成电路的发明者杰克·基尔比（Jack Kilby，1923—2005 年）。年逾 77 岁的基尔比接过 2000 年诺贝尔物理学奖证书时感慨万千，老人似乎穿越时光，又回到了激情燃烧的

岁月（图1.11）。

1947年，基尔比从伊利诺伊大学香槟分校（University of Illinois at Urbana-Champaign，UIUC）毕业，来到全球联通（Globe Union）在米尔沃基（Milwaukee）的中心实验室。在中心实验室，基尔比大量阅读了当时有关微型化电路的论文，他很快了解到贝尔实验室发明的晶体管，并且敏锐地意识到晶体管将是电子线路最好的组成器件，在听了晶体管发明人巴丁在米尔沃基的一次演讲后，更激起基尔比对晶体

图1.11 杰克·基尔比

管的强烈兴趣。创造来自梦想，实现来自兴趣，科学技术的进步总是由一连串创造实现推动的，集成电路也不例外。20世纪50年代初期，尽管晶体管工艺还很不成熟，但人们始终梦想着可以制造出一种把电阻、电容、二极管和晶体三极管等集成在一起的新型固体电子电路。这是一个百年难遇的机会，但机会总是给有准备的人的，上天把这个机会落在基尔比这位年轻工程师身上。1956年初，基尔比参加了贝尔实验室的第三次晶体管研讨会，学到了杂质扩散工艺，这使得基尔比更增添了较一般电子工程师更多的晶体管和集成电路工艺前沿知识。1958年5月，基尔比带着梦想加盟了从贝尔实验室取得了制造晶体管的专利许可并第一个制造出硅晶体三极管的德州仪器公司（TI）。这年夏天，绝大部分员工都去消暑度假了，基尔比却留在公司思考着如何开发自己感兴趣的新工艺。基尔比有十年的制造印刷电路的经验，对当时的微型电路工艺非常清楚，在基尔比当时的集成电路实现构想中，便提出电路微型化的出路是在一种材料上做出所有电路需要的器件。

1958年7月24日，基尔比在工作笔记上写道：“由很多器件组成的极小的微型电路是可以在一块晶片上制作出来的。由电阻、电容、二极管和晶体三极管组成的电路可以被集成在一块晶片上。”他在这一天记下了五页关于如

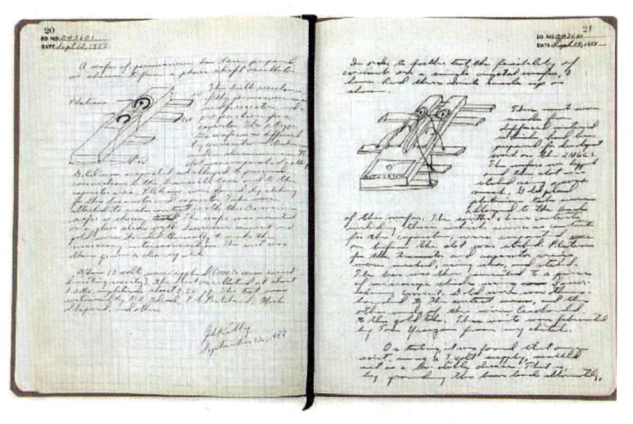

图 1.12 基尔比记录集成电路构想的笔记本

何把这几种元器件集成在一起的想法实现过程（图1.12），基尔比设计了具有完整功能电路的工艺实现流程，并设想利用当时由贝尔实验室开发出的扩散（Diffusion）技术和物理气相沉积（Physical Vapor Deposition）技术在一块晶片上实现上述元器件的集成。设想有了，行动起来，基尔比先用硅做出了分立的电阻、电容、二极管和晶体三极管，然后再把它们连成了一个触发电路，1958 年 8 月 28 日，基尔比完成了第一次尝试，结果非常令人满意。基尔比想既然能用单一材料制作这些分立器件，就一定能把这些器件做在一起。基尔比利用德州仪器已有的几种现成锗（Ge）器件，并把金属蒸发在锗晶体管的发射极和基极上，再用刻蚀技术做成接触点，然后连接起来。在此基础上，基尔比决定用这些连接好的锗晶片做两个实验电路，他先在锗晶片上少量掺杂做成电阻，再用反向二极管做出电容，最后用金线将它们连成一个相移振荡器（Phase-Shift Oscillator），制造完成后，两个助手把它切割成 0.12 in（英寸）× 0.4 in（英寸）（1 in = 2.54 cm）大小的电路成品。基尔比一共做了三个这样的电路，随后与助手一起给其他同事演示了这个实验电路。实验演示中，基尔比紧张地将 10V 电压接在了样品电路的输入端，再将一个示波器连在了输出端，接通的一刹那，示波器上出现了频率为 1.2 MHz、振幅为 0.2 V 的震荡波形。那一刻，预示着世界上第一个用单一材料制成的集成电路诞生了（图 1.13）。请记住这一天，1958 年 9 月 12 日，这是一个

图 1.13 基尔比发明的第一个集成电路

划时代的日子。一周后，基尔比又用同样的方法成功地制作出一个实验性触发电路。1959年1月，基尔比带领小组成员准备用锗晶体设计一个新的触发电路，这次他们重新从电阻、电容、二极管和晶体三极管做起，并且成功实现了第一个完整的触发电路。1959年2月6日，德州仪器的专利代理人将一份有关"微型电子线路"的专利申请递交给了美国联邦专利局。该申请材料称："与过去的微型电子线路相比，该发明是基于全新的、完全不同于以往任何微型电子线路的理念。根据这一全新的工艺来实现微型电子线路，只需要一种半导体材料就能将所有电子器件集成起来，并且其工艺步骤是有限的，易于生产的。"系统电路第一次有了用一种半导体材料就能将所有电子元器件"集成"的概念，1959年3月6日，美国无线电工程师学会（IEEE的前身）在纽约召开的年会上，德州仪器向新闻界发布了"固体微型电子线路"这一革命性发明，从此"固体电路"作为集成电路代名词一直沿用至今。虽然基尔比当时制作的电路与后来在硅单晶片上实现的集成电路相比，结构简单，外形非常难看，甚至粗陋，但是他提出了一种全新理念，开创了一个电子世界新时代，这些都推动着人类现代电子技术从电子真空管、晶体管到集成电路一步一个脚印发展，一路前行，势不可挡。

"我认为，有几个人的工作改变了整个世界，以及我们的生活方式，他们是亨利·福特、托马斯·A.爱迪生、莱特兄弟，还有杰克·基尔比。如果说有一项发明不仅革新了我们的工业，并且改变了我们生活的世界，那就是杰克发明的集成电路。"或许德州仪器公司董事会主席汤姆·恩吉布斯（Tom Engibous）的评价是对基尔比贡献最简洁有力的注解，现在基尔比的照片和爱迪生的照片一起悬挂在美国国家发明家荣誉厅内。

礼乐再次响起，老人缓缓转过身，向参加颁奖典礼的瑞典王室成员和嘉宾微笑鞠躬致谢，这份迟到的殊荣，经过42个春秋的岁月检视显得愈加弥足珍贵，这也是诺贝尔物理学奖自1901年首次颁授，整整100年以来第一次颁授给一名工程师，而非物理科学家，充分体现出整个人类社会对半导体集成电路发明的充分认可，正如诺贝尔奖评审委员会给基尔比的获奖评价那样："为现代信息技术奠定了基础。"

华灯映射下，老人显得有些孤单，近半个世纪的风雨历程中还有多少和老人当年一样追寻梦想的人应该被记起，其实今天老人身边还应该有一位获奖者，他就是被称为"硅谷之父"的罗伯特·N.诺伊斯（Robert N. Noyce，1927—1990年）。1959年7月，诺伊斯研究出一种二氧化硅的扩散技术和PN结的隔离技术，并创造性地在氧化膜上制作出金属铝连线，使半导体元器件合为一体，从而为半导体集成电路的平面制作工艺，也为半导体集成电路工业化规模生产奠定了基础。1959年7月30日，他以"半导体器件和引线结构"申请了美国专利，虽然这项关于集成电路的专利比基尔比的专利晚了半年，但跟基尔比的创造同样伟大。很可惜，1990年6月3日，一代英才诺伊斯因游泳时突然心脏病发作而去世，享年62岁，也因此，在诺贝尔奖的领奖台上没有出现他的身影。我们在这里先记住诺伊斯这个名字，他的传奇，他对整个集成电路技术与产业的贡献后面还会呈现在我们面前。

一个神奇的定律——摩尔定律

一谈到定律，我们脑海中闪现的一定是某个自然科学现象经过多年反复实验和观察，变量之间相互关系经过反复凝练，并在科学领域内普遍被接受的一种规律总结，比如我们耳熟能详的牛顿经典力学三大定律，因此定律一般都是特指科学上对某种客观规律的概括，反映事物在一定条件下发生一定变化过程的必然关系。

但这里要讲述的定律与上述不太一样，是一条跟半导体集成电路产业发展息息相关的产业定律，它就是由英特尔（Intel）公司的创始人之一戈登·摩尔（Gordon Moore，1929— ）提出的、被集成电路产业奉为经典的"摩尔定律"，诞生于20世纪60年代的这一产业发展规律引领着集成电路产业风雨兼程一路走到今天。

半个多世纪前的1965年，恰逢美国《电子》（Electrics）杂志创刊35周年，时任美国仙童半导体公司（Fairchild Semiconductor，中文简称：仙童）半导体研发主管的戈登·摩尔受邀撰写一篇关于计算机存储器发展趋势的报告，展望一下未来十年半导体存储产业的发展趋势。在报告准备中，戈登·摩尔用收集到的产业数据以纵轴代表单个集成电路芯片上集成的晶体管数目，以横轴为时间递进元素，绘制了一张数据统计图，结果他惊奇地发现统计图中单个集成电路芯片上集成的晶体管数目随时间呈现很有规律的

图 1.14　1965 年刊载戈登·摩尔文章的美国《电子》杂志

几何增长势态，这个以前从未被关注的现象立即吸引了摩尔的注意力，随即戈登·摩尔结合当时集成电路状况对这一结果做了仔细分析总结，最终以《给集成电路填充更多元件》（Cramming More Components onto Integrated Circuits）为题撰写了一篇综述文章，发表在《电子》杂志上（图 1.14）。正是在这篇短文中，戈登·摩尔提出了一种后来对集成电路产业发展起引领作用的伟大预见，即"集成电路芯片上的晶体管数量，大约每年都会提升一倍。"（图 1.15）当时他仅仅预测这个规律十年有效，没想到的是，这个规律一直指引着我们走过 50 多年的风雨历程，并还在对集成电路产业产生深远的影响。

1975 年，戈登·摩尔在电气与电子工程师协会（IEEE）组织的国际电

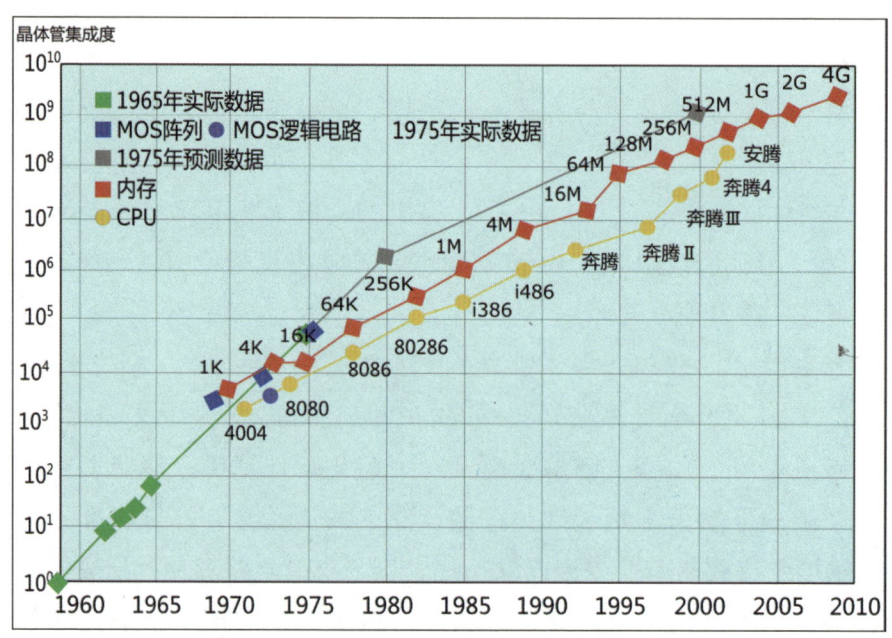

图 1.15　摩尔定律

子器件大会（IEDM）的学术年会上又提交了一篇题为《数字集成电子工业的进展》（Progress in Digital Integrated Electronics）的论文，根据当时的实际情况，他在文章中对"集成电路芯片上的晶体管数量每年翻一番"的增长率进行了重新审定和修正，改为"每两年翻一番"。不久，加州理工学院教授卡弗·米德（Carver Mead）把该规律称之为"摩尔定律"（Moore's law），从此"摩尔定律"一词沿用至今。为更精准和更符合客观情况，后来英特尔公司的另一位高层主管大卫·豪斯（David House）（光听这个名字也许大家不熟，但要是提起"Intel Inside"以及"Pentium 奔腾"那一定是广为人知了，这些都与这位大神有着密切关联）对摩尔定律中的时间定义做了适当修正，把时间修订为 18 个月，这就是现如今我们一直提到和沿用的摩尔定律时间坐标。

目前世界先进集成电路技术已进入特征线宽 10 nm 以下，逐渐逼近 1 nm 的工艺技术水平，遵循以往传统的技术路径，很难延续摩尔定律继续按比例缩小晶体管器件尺寸。人们也在深入思考这个问题，探寻新理论和新技术以更好推动集成电路产业进入"后摩尔时代"。今天集成电路产业界正在积极探索后摩尔时代以结构优化和工艺微缩共同助力延续摩尔定律为核心的"延续摩尔"（More Moore），以技术优势和市场决定扩展摩尔定律价值为核心的"扩展摩尔"（More than Moore），以集成系统并取得关键突破为核心的"超越摩尔"（Beyond Moore），以及以高度交叉和融合、加速集成电路理论和技术创新突破为核心的"丰富摩尔"（Much Moore）等多维度路径，来进一步延伸摩尔定律的生命力，我们有理由相信，摩尔定律这个集成电路产业的神奇定律一定能引领我们再创辉煌。

走近集成电路

我们平时看到的集成电路成品是已经穿上一件由高分子有机环氧树脂或氧化铝（Al_2O_3）等材料组合而成外衣的芯片。从人们头脑中最初的功能设想，经过设计、流片、封装、测试等步骤，再让它穿上不同形状"外衣"，最后成为完整呈现在人们面前一颗颗功能强大、能发挥奇妙作用的集成电路，集成电路穿的这件"外衣"对包裹在里面的集成电路芯片能起到防止水气、尘埃，甚至还可以抵御一些电磁辐射和空间粒子影响的保护作用，同时又能让集成电路芯片能够灵活地与系统线路板进行可靠连接。现在,让我们来看看这些穿着不同形式"外衣"的集成电路究竟长啥样。

当我们打开集成电路的"外衣"——封装,可以看到包裹在里面的集成电路芯片通过金属丝与封装外引脚连接在一起,有序形成各种功能通路,那这些原本加工在硅单晶圆片上的集成电路芯片是怎样钻到这些各种形态的"外衣"里面去的呢?其实,集成电路芯片要经过硅单晶圆片流片加工过程中的很多道光学、化学和高温工序才能被制造出来。这些集成电路芯片最初被加工制造在硅单晶圆片上,在制造工艺线上加工完成后,合格的带有成千上万个集成电路芯片的硅单晶圆片首先会被送到测试工厂(工段),在那里用自动测试设备对晶圆上的每一个芯片进行在线测试。一切就绪后,就要进入集成电路芯片"穿衣"——封装环节啦,在给集成电路芯片"穿衣"过程中,首先要将测试好的硅单晶圆片背面进行机械和化学研磨,将其厚度减薄到一定要求(一般300 μm左右,有些甚至只有几十微米),以便于后续切割和芯片实际使用中的功耗散热,背面研磨减薄好的硅单晶圆片用金刚砂轮或激光将其上面连成片的芯片切割成一个一个独立的芯片,然后再将合格的芯片颗粒通过导电胶固定到金属框架或陶瓷管壳基座上,随后用金丝、铜丝或硅铝合金丝等金属丝将小小的集成电路芯片按要求与封装外引脚相连接,最后用环氧树脂或金属盖板把集成电路芯片这个小精灵封闭起来,并按需求给它们做成各种不同的外引脚形状(图1.16)。到这里还没全部完成工作,我们还要将已穿上"外衣"的集成电路小家伙们再挨个做个被称之为成品测试的体检,

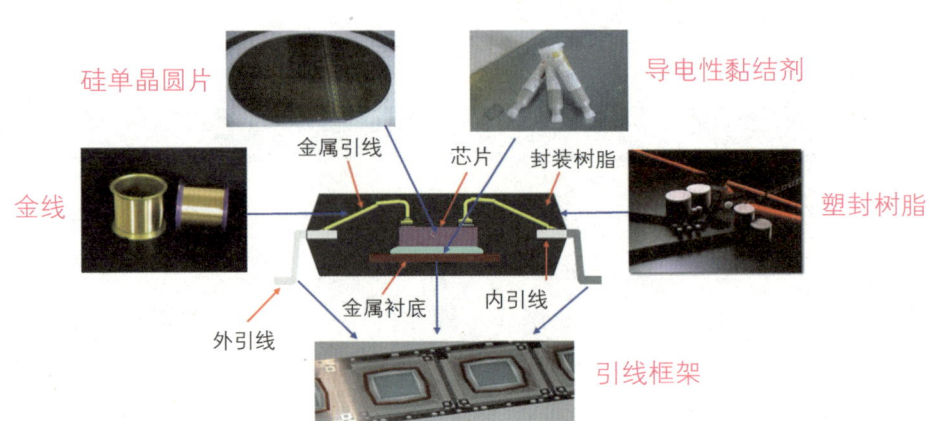

图1.16 集成电路芯片封装过程

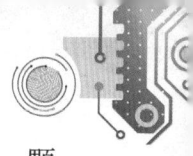

"体检"合格的小家伙们最后还要标上各自的"名字"——型号，至此，一颗完整的可以创造奇迹的集成电路带着灵气诞生啦。

通过上面的介绍，我们知道集成电路是采用一定工艺在硅单晶圆片上制造形成晶体管、电阻、电容和电感等元器件，并布线按设计要求将各元器件连接起来，再通过封装工艺将集成电路芯片封装在有机环氧树脂或陶瓷管壳内，成为具有所需电路功能的微型结构。集成电路的分类可以从不同的维度进行，按处理信号特性分类，可以分为模拟集成电路和数字集成电路两大类，模拟集成电路用来产生、放大和处理幅度随时间呈连续变化的模拟信号，而数字集成电路用来产生、放大和处理各种在时间和幅度上离散取值的数字信号；按制造工艺分类，可分为双极型集成电路（PN 结隔离或介质隔离）、金属-氧化物-半导体（MOS）集成电路（包括单沟道 MOS 集成电路和互补型 MOS 集成电路——CMOS 集成电路），双极型和 CMOS 混合（BiCMOS）集成电路，以及绝缘衬底上硅（SOI）集成电路；按封装工艺分类，可分为单片半导体集成电路和膜集成电路（包括厚膜集成电路和薄膜集成电路）等。

了解了集成电路芯片从硅单晶圆片流片制造到穿上"外衣"来到我们面前的孕育过程，又知道了集成电路的分类，就如同游园了解了背景，获取了导游指南图，现在就让我们沿着指南路线图指引从最顶层的系统级，一步步走近集成电路最底层内部，看看集成电路的结构组成。我们最常看到的是焊接有集成电路和电阻、电感、电容等其他电子元件的印刷电路板（PCB），这时我们是站在集成电路最顶层的位置——系统级，在这个大系统中有各种集成电路根据各自的特长各司其职负责各种功能的实现，这里有管理电源的，有负责数据处理的，有负责信息通信的，也有负责图像显示的，更有负责统领全局运行的，在这个大系统中可以划分成不同功能的子系统，每一个模块就是一个子系统，这就是人们平时所说的功能模块。来，让我们下一个台阶，来到系统级的下一级——模块级。既然每个模块是一个运行子系统，那每个模块又都是由什么组成的呢？我们以一般占整个系统较大比例、专门负责逻辑运算和处理信号的数字电路控制模块为例，它主要是由寄存器和组合逻辑电路组成的，寄存器是一个能够暂时存储逻辑值的电路结构，它需要一个周期稳定的矩形波作为时钟信号来控制逻辑值的存储；而组合逻辑电路由很多"与（AND）、或（OR）、非（NOT）"等逻辑门构成；而其中的逻辑门（与、

或、非、与非、或非、异或、同或等）都是由一个个晶体管构成的,这个晶体管组成的层级,就是指南路线图上标识的晶体管级。你若化作孙大圣钻进集成电路内部,一眼望去其实集成电路芯片内部几乎全是晶体管和电阻、电容等元器件以及连接它们的导线,犹如城市空间的高楼大厦（各种元器件）和连通它们的立交道路（多层布线的连接线）。

我们沿着集成电路制造和系统两条路线,从宏观到微观,从顶层系统级到最底层晶体管级带领大家领略了集成电路概貌。一路走来,我们可以感受到,集成电路制造实现过程就是一层层制造构建不同的PN结形成不同晶体管的过程,也就是在构建晶体管级,而应用系统的搭建就是选用不同的晶体管和其他电子元器件,根据不同应用场景,由最顶层的系统级,一层层到模块级,再到最底层晶体管级以集成电路实现终端应用的过程。至此,我们顺着指南指引的系统级、模块级和晶体管级,由上至下,也由下至上,更由外及里等各角度细细领略了集成电路风采,一路走近集成电路。

无处不在的集成电路

今天,可以毫不夸张地说半导体集成电路已渗透到我们日常生活的方方面面,在我们衣食住行的点点滴滴中都存在集成电路默默服务的身影。清晨当第一缕晨光透进窗户,静谧的晨风中,床头由集成电路芯片控制的电子钟飘来一阵柔美的音乐把我们唤醒,起床进入洗手间打开由集成电路恒流控制器控制的LED灯开始漱洗,然后坐到餐桌前,从昨晚临睡前设置好的由集成电路芯片控制的全自动电热锅里取出已按定时要求煮好的营养粥、馒头和糕点,再从由集成电路芯片控制的全自动冰箱里取出牛奶或橙汁,从容享受完早餐。出门乘坐同样由集成电路芯片控制的电梯下楼到地下车库,远距离用装有集成电路芯片的电子钥匙遥控打开车门,驾驶着更是集半导体集成电路之大成的汽车去上班,路上看到自动控制的红绿灯,进入公司刷的门禁卡,考勤的人脸识别考勤机,工作、学习用的电脑,开会、培训用的电子屏,更有时刻不离身的智能手机……哪一样都有集成电路的身影,我们的日常生活与半导体集成电路真是到了水乳交融、难舍难分的程度。今天对于半导体集成电路而言,毫无疑问,它伴随着人类社会发展和人类生活的各个方面,其

倩影无所不在，不同种类的半导体集成电路各按所能、各司其职发挥着不同的作用。由半导体集成电路技术制造而成的中央处理器（CPU）犹如人的大脑一样，接收信息，发出指令，它和其他芯片组成的群体控制整个应用系统的运作，对于电脑而言，芯片组几乎决定了整个系统的功能。不仅手机、电脑等智能产品含有集成电路，可以说只要涉及一些比较复杂功能的终端都会用到集成电路，我们日常生活中经常使用的收音机，里面有音频集成电路；电磁炉、微波炉里面有电磁控制集成电路；绿色能源照明系统里有LED管理控制集成电路；全自动智能洗衣机里有微系统控制集成电路；甚至在普通电瓶车里都有控制功率的集成电路……小小一块集成电路从诞生之日起，就注定它将扮演极其重要的角色，半导体集成电路的存在，让我们的信息科技更加发达，人们的生活变得更加和谐、便捷和丰富多彩。

第二章 沙中蹦出的蓝精灵
——集成电路芯片由来

蔚蓝色的海洋孕育了地球上的生命，潮起潮落，象征着生命的延续，也象征着新生事物的不断涌现。奔腾不息的大海无时无刻不在拥抱着使生命得以进化与进步的陆地，在海水奔向陆地的交汇处通常都会冲击出一弯沙质浅滩，这些经过大海洗礼的沙粒蕴藏着一种看似平常，却能创造出无限奇迹的被称之为"硅"的化学元素，硅是我们居住的地球地壳中所含第二丰富的化学元素。被生命之源大海反复摩挲送到我们面前的那些晶莹剔透的小沙粒经脱氧后包含多达 25% 的硅元素，再经过提纯得到的硅单晶就是制造半导体集成电路的必备材料。源之大海洗礼的沙粒，经过科学地提炼，成为主导半导体集成电路灵魂的蓝精灵，半导体集成电路产业无愧为沙中锤炼成的高科技产业。

来自大自然的礼物

自 18 世纪以来，人类社会的进步经历了从手工作业到机械化，由机械化向电气化，再由电气化向自动化、信息化，进而再奔向智能化的发展历程，每一阶段的进步都离不开科技革命的助推。在这一系列变革中，人类对一些重大科学规律的发现大都来自不经意间的自然现象，一些重要基础材料的源头也来自大自然，这是大自然对人类的馈赠。今天，信息社会几乎随处存在的集成电路就是构建在半导体材料上的，或许没有人可以说自己跟"半导体"没有关系。半导体材料听起来冷冰冰，毫无活力，但它一旦跟现代半导体集

成电路技术相结合，产生的效果就不只是科技园区里埋首电脑前的工程师要关心的事了，那可关乎你每天形影相随的手机和电脑，关乎你多彩生活中不可少的电视和音响……可以说如果自然界没有赐予我们半导体材料，也就没有现代社会里那么多轻巧又好用的高科技产物。美国《大西洋月刊》杂志曾找来科学家、历史学家、技术专家为人类发展史上的重大发明排名，不出意料，半导体毫无悬念地成为排在印刷机、电力、青霉素之后的世界上第四大重要发明。

在20世纪的近代科学研究兴起初期，人们对自然界材料的性能认知仅停留在导体和绝缘体。讲到半导体，有一位我们非常熟悉的大物理学家可以告诉我们有关半导体的特性，他就是世界上首次发现电磁感应现象，进而得到产生交流电的方法，创立电磁感应定律，又发明了圆盘发电机，被称为"电学之父"的英国物理学家迈克尔·法拉第（Michael Faraday，1791—1867年）。人们通常对法拉第在电磁学方面的贡献了解较多，但较不为人所知的是他对半导体特性的发现。1833年，法拉第在研究中发现硫化银材料的电阻会随着温度上升而降低，这不同于一般金属导体的特性，一般情况下金属的电阻会随温度升高而增加。这个实验现象说明在已认知的导体和绝缘体特性外，还有与这两者表现不一样的特性存在，也就证明在导体和绝缘体之外一定存在着第三种材料，这是半导体特性首次被发现。后来由著名的贝尔实验室，对，又是贝尔实验室，关键时候它总是在，系统梳理总结出半导体材料的电阻率负温度特性、光伏特性、光电导特性以及整流特性四大特性。

人类对未知的探索永远不会停下来。1928年，德国物理学家马克斯·卡尔·恩斯特·路德维希·普朗克（Max Karl Ernst Ludwig Planck，1858—1947年），就是那个发现并提出普朗克常数的大科学家，他在应用量子力学研究金属导电问题过程中，形成了固体能带理论。根据这个理论，在外电场作用下，半导体导电可以被分为前面我们已经提到过的"空穴"参与的导电类型（即P型导电）和电子参与的导电类型（即N型导电）两种类型。固体能带理论第一次科学地阐明了固体为什么可按导电能力的强弱，分为导体、半导体和绝缘体。1931年，英国物理学家查尔斯·T. R. 威尔逊（Charles T. R. Wilson，1869—1959年）在固体能带理论的基础上，研究提出半导体"本征导电"和"杂质导电"两种类型的导电理论，此后英国物理学家内维尔·F. 莫特

（Nevill F. Mott，1905—1996 年）、德国物理学家华特·H. 肖特基（Walter H. Schottky，1886—1976 年）又提出了著名的"扩散理论"，1940 年，弗雷德里克·塞兹（Frederick Seitz，1911—2008 年）出版了《现代固体理论》(The Modern Theory of Solids) 一书。至此，半个多世纪来引导半导体集成电路技术和产业发展的基本基础理论已日臻形成。科学家的伟大之处就在于能够于常人忽略的细小变化中穷究不放，最终使一点小火星演绎成熊熊燃起的科技文明之火。半导体固体能带理论、导电理论和扩散理论这三个相互关联并逐步发展起来的半导体理论，奠定了现代半导体物理科学的理论基础。

当今集成电路和半导体器件大都以硅基半导体为主要基础材料，这被称为"元素半导体"，典型的有硅（Si）和锗（Ge）半导体材料。其中以硅基半导体材料应用最广泛，在产业界一般用"硅基半导体"来替代"元素半导体"的称呼。目前，大约 95% 以上的集成电路芯片和半导体器件是用硅作为基础功能材料而生产制造出来的。但是最初在 20 世纪 50 年代，却是锗在半导体中占主导地位，到 60 年代后期逐渐被硅半导体材料取代。自 1960 年开始使用的直径尺寸 0.75 in（18.75 mm）的硅单晶片开始，一路从 1.25 in（37.5 mm）、2 in（25 mm）、3 in（62.5 mm）发展到 1975 年 4 in（100 mm）硅单晶片开始在全球市场上普及，接下来又从 5 in（125 mm）、6 in（150 mm）、8 in（200 mm）不断发展，2001 年开始 12 in（300 mm）硅单晶片投入使用。

半导体硅材料从天然沙粒中得到，从自然矿物中提取，是一份来之大自然的大礼，大自然恩赐我们的半导体材料使得晶体管取代了电子真空管，进而发展了集成电路技术，导致了以集成电路为核心的信息技术发展突飞猛进，也使得人类社会发展的脚步迈得更加迅捷有力。

神奇的点沙成"晶"

奔腾不息的大海把沙粒冲上海岸，这是上天送给人类产生大智慧的礼物，沙粒中的精华硅元素是半导体集成电路的灵魂，在这个章节里让我们来感受一下沙粒凤凰涅槃化身为硅的美丽过程。

硅的英文名叫 Silicon，化学符号是 Si，原子序号排 14，原子量为 28，它在化学元素表中的位置位于非金属和金属元素之间。从原子物理学的角度阐述，硅晶格中 Si-Si 键的长度是 2.352 Å（埃），固体密度是 2.33 g/cm³，熔点是 1414℃，正四面体结构。用于集成电路制造的硅是一种晶体，硅晶体内部的原子是按正四面体结构几何规律排列。固体物理学把表示原子在晶体中排列规律的空间格架定义为晶体的晶格，晶格实际是由晶向和晶面两个基本要素组成的，半导体集成电路所用硅单晶主要有三种晶向，分别是 <100>、<110> 和 <111> 三种晶向，相应的自然就有（100）、（110）和（111）三种晶面（图 2.1）。我们知道，大自然再完美的物体都会有缺陷的，硅晶体自然也不例外，硅晶体的这些缺陷是硅原子脱离晶格进入间隙，或者杂质不在晶格上而在间隙里等原因造成的位错、层错等缺陷。

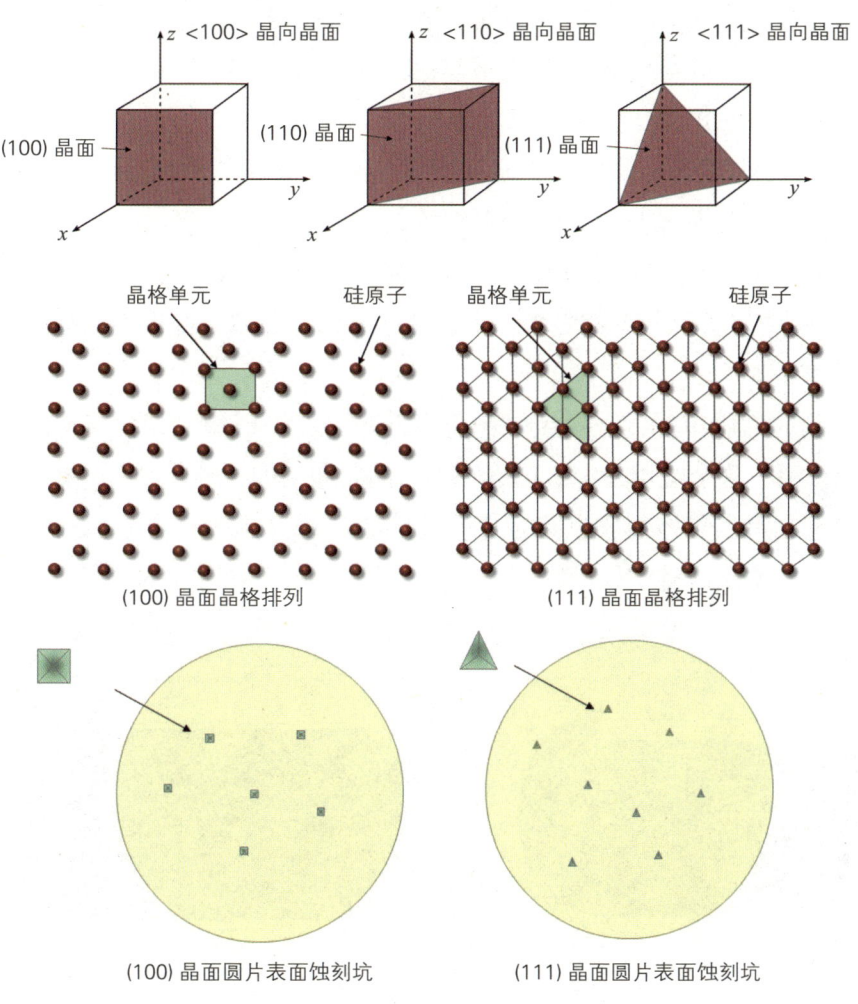

图 2.1　硅单晶结构晶向与晶面

和来自大自然沙粒中的明星朋友"硅"热烈拥抱后,下面就让我们来了解一下这位朋友是怎么来到我们身边的。将大自然的沙粒化为硅单晶的盖世神功主要有多晶硅提纯和硅单晶制作两大法宝。首先人们把来自大自然,主要化学成分是二氧化硅(SiO_2)的沙粒与碳(C)在2000℃高温下进行置换反应:$SiO_2 + 2C = Si + 2CO\uparrow$(气体),生成冶金等级的硅(Metallic Grade Silicon,MGS),此时得到的实际上是粗制的多晶硅(Polysilicon,简称Poly)。然后再把冶金级硅(MGS)与氯化氢(HCl)在300℃下反应:$Si + 3HCl = SiHCl_3 + H_2$,生成三氯氢硅($SiHCl_3$),化学简称TCS,再经过过滤和冷凝得到纯度为99.99999%的液态$SiHCl_3$(TCS),这样就完成了提纯的过程,接下来在提纯的液态三氯氢硅中通入既作为反应气体又作为携带气体的氢气(H_2),三氯氢硅和氢气在1100℃下发生还原反应($SiHCl_3 + H_2 = Si + 3HCl$),生成了硅,这就提炼出纯度更高的电子级别的硅材料(Electric Grade Silicon,EGS),但要注意的是此时仍然还是多晶硅,要真正得到可用于半导体集成电路制造用的硅单晶材料,还要在提纯的多晶硅材料基础上拉制硅单晶。拉制硅单晶,工业界一般有单晶直拉法(简称CZ法)和单晶区熔法(简称FZ法)。这两种方法共同点都是由一个籽晶(Seed)沿着其晶向拉制生长,最终形成硅单晶锭(Ingot)。

拉制成的硅单晶锭还要统一制备晶向定位面,以便后续集成电路工艺制造中定位用,这个定位面一般选取<110>晶向做切面,硅单晶锭直径(也就是将来用来制造半导体集成电路芯片的硅单晶圆片直径)尺寸是6 in(150 mm)及以下的硅单晶锭将定位面制作成平边(图2.2),而硅单晶锭直径尺寸是8 in(200 mm)及以上的则是制作一个深度为1~1.25 mm的小三角(图2.3)。

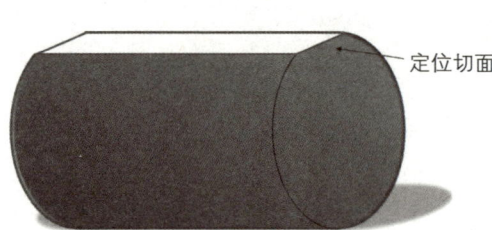

图2.2 尺寸等于或小于6 in(150 mm)的硅单晶锭定位面

图2.3 尺寸等于或大于8 in(200 mm)的硅单晶锭定位面

制备好定位面的硅单晶锭再经过切割、倒角、机械和化学抛光、退火等工序，这时，作为来自大自然礼物的沙粒经过浴火洗礼，彻底演变为可孕育高科技半导体集成电路芯片的硅单晶圆片（Wafer），后面我们将会更深切感受到所有集成电路的奇迹都会发生在这奇妙的点沙成"晶"而成的晶圆片上（图2.4）。

图 2.4　硅单晶锭和切割处理后的硅单晶圆片

由"晶"到"芯"

有了从沙粒到硅单晶圆片（晶圆片）的浴火重生，才有培育半导体集成电路芯片的大舞台，半导体集成电路芯片是被制作在晶圆片上的，那这个奇妙的演变过程又是如何实现的呢？我们知道集成电路芯片是由晶体管、电阻、电容等半导体元器件按一定功能连接实现的，所以各种集成电路虽然个体器件结构不尽相同，但从半导体集成电路诞生至今最主要的群体器件结构总体还是一种平面结构，也就是我们平时所说的二维结构，这个形成晶体管、电阻、电容等半导体微结构的层面一般被称为半导体元器件层，这个元器件层被平面分布在晶圆片上。为了让元器件层容下更多的元器件，专业术语是提高集成度，在实际设计、制造实现中会想方设法把元器件之间的连接线尽量架到元器件层上面，形成如同高架道路似的几层连接线，这些纵横交错的连线空间区域被称之为连接层，就好比城市空间中实现了立体交通。但有个专业概念值得分辨清楚，虽然这里实现了连接的"立体化"，但晶体管等所处的元器件层总体仍然是一层平面的，所以这时的集成电路结构还是二维结构，随着集成电路技术的发展，今天也出现了晶体管立体纵向"堆叠"的结构，这是一种新型的三维半导体集成电路器件结构和工艺实现技术，最典型的如FinFET（鳍式晶体管）、GAAFET（环栅晶体管）结构。今天集成电路技术总体还是二维集成电路占主导地位。

在半导体集成电路芯片制造过程中，经过一系列制造工序加工后就生产出表面有序排列着相当数量芯片的晶圆片，而每个芯片上可以包含几千万个、数亿个甚至数百亿个晶体管等元器件，并通过互连实现各种电路功能。那工程师们是如何把形形色色的集成电路巧夺天工般在晶圆片上制造出来的呢？这就要靠集成电路设计工程师将集成电路由逻辑线路设计"变成"可供集成电路工艺制造的"数据"，这些数据再按比例制备成可供图像转移的掩模版，随后再通过集成电路制造光刻工艺将设计的各种元器件结构和互连线借助掩模版将相应图形转移到晶圆片表面。下面我们来看看光刻工艺是如何魔术般地将设计的各种结构图形通过光学方法转移到晶圆片上的。

光刻工艺实际是一门结合了化学材料、物理光学、微细加工等学科的综合技术，它巧妙地利用了光化学反应，再结合化学和物理的刻蚀方法，把电路图形转移到晶圆片或者介质材料之上，经过有序的多次光刻工序叠加，最终把器件结构制作在晶圆片上。光刻工艺的原理和主要步骤如图 2.5、图 2.6 所示。

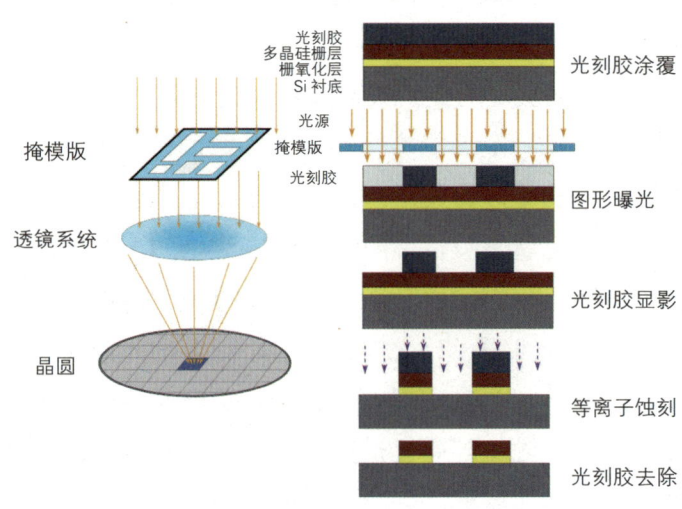

图 2.5　光刻工艺原理示意图

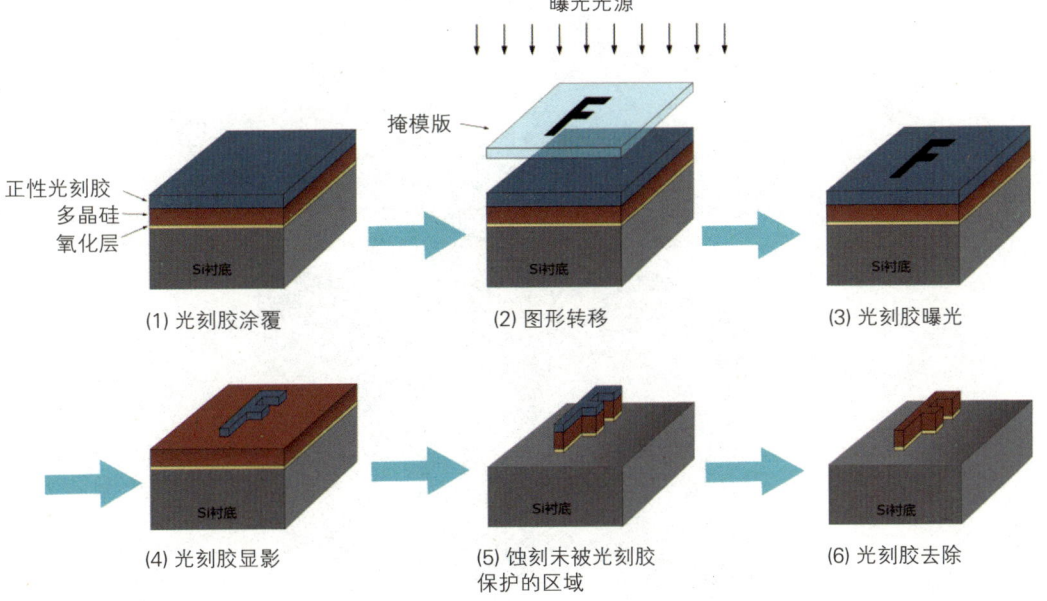

图 2.6 光刻工艺主要步骤

在现代先进集成电路制造工艺技术中,光刻技术是灵魂,正是通过这一技术,才能把人类社会对现代集成电路的追求通过设计工程师设计形成集成电路数据,再将这些设计数据按层次结构制成由多块掩模版组成的一套掩模版(Mask),最后通过光刻工艺在晶圆片上奇迹般"雕刻"出集成电路结构图形和互联线条(图 2.7、图 2.8、图 2.9)。

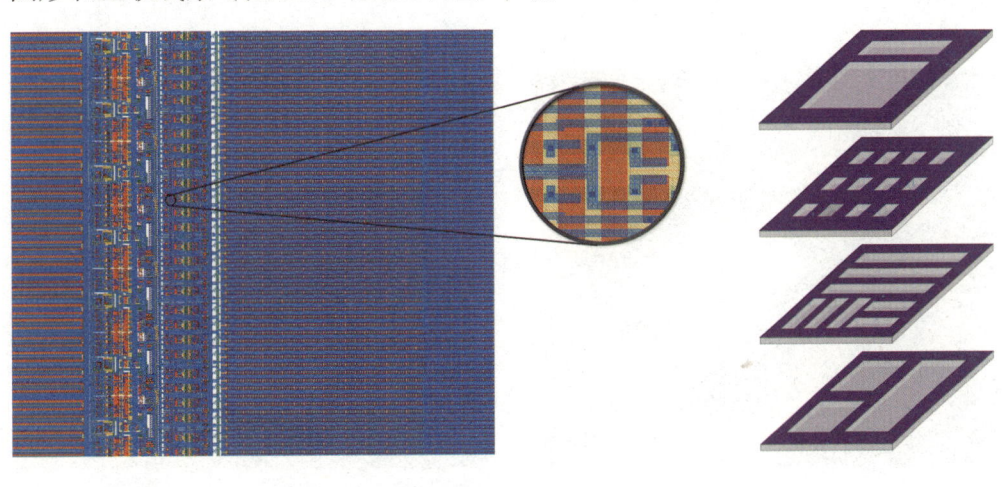

图 2.7 设计数据(Layout 版图)(放大部分红框内为一个 MOS 晶体管)

图 2.8 一套掩膜版(Mask)

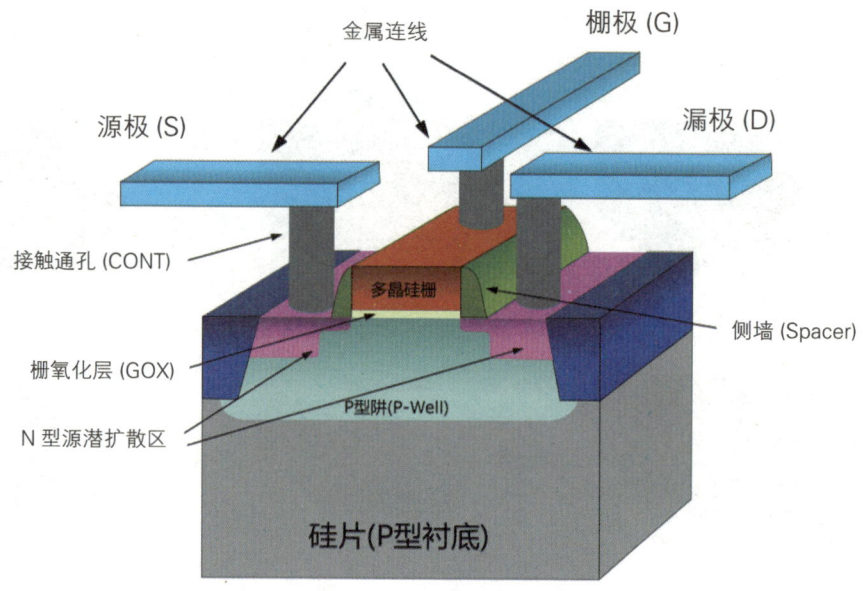

图 2.9　通过光刻、掺杂等工艺形成的晶体管

在光刻工艺基础上，再集合集成电路制造中的薄膜淀积、掺杂/离子注入、化学机械抛光等工艺在晶圆片表面形成由晶体管等组成的元器件层和多层金属连接层构成的集成电路芯片，至此有序排列着一个一个包含成千上亿个晶体管等元器件芯片的晶圆片诞生了，晶圆片也从最初由沙提炼形成的硅单晶锭完美完成了由"晶"到"芯"的华丽蜕变（图 2.10 至图 2.13）。

图 2.10　生产用掩模版（Mask）

图 2.11　集成电路生产线黄光区（光刻区）

图 2.12 集成电路芯片内部结构显微扫描图片

图 2.13 有序排列着一个一个芯片的晶圆片——实现了由"晶"到"芯"的华丽转变

托起那颗"芯"的产业

　　一颗集成电路的诞生，必须经过设计、流片、封装、测试等一系列产品化实现环节的锤炼，在半导体集成电路这个小精灵萃取过程中还需要系统设计辅助软件（EDA 工具软件）、材料、装备等支撑环节加以相互依托，互动推进，更要联动应用系统加以系统验证和实际应用。在这个过程中我们会切实感受到集成电路产业是一个由众多产业节点组成的多链条协同运行的体系工程，保障这个体系工程有效协调运作是实现半导体集成电路产品、推动产业有序健康发展的必要前置条件。那这个系统工程是如何从运行管理、技术支撑、资源匹配等维度来托起"芯"产业的呢？

　　首先让我们从运行管理维度走入半导体集成电路产业的宏观世界，开始我们认知"芯"产业的旅程吧。半导体集成电路产业横向运行可以归结为由四重体系链互为依托的协同运行，这四重体系链分别是联通研发设计各环节的研发链；联通制造加工各环节的供应链；联通产品质量保障的品质链，以及联通上下游信息交互协同的数据链。要保证研发链的正常运行，也就是要保障立项项目设计开发过程的有效实施，在这个链上联动起从立项启动、概念与策划、开发与测试、验证与发布，以及生命周期管理等各产品（项目）开发实施环节，这个维度保障了从产品（项目）立项策划、设计开发到生命周期管理的各要素工作的有效开展，这是集成电路产品（项目）设计开发的实现基石；要保证供应链的有效运行，需要像串起珍珠项链那样有效串起流

片、封装、测试、设备、原材料、物流等各环节的颗颗珍珠，协同开展工作。供应链的有效运行，将会有力保障集成电路产品加工制造和项目产品化过程的有效开展；要保证品质链的有效实施，首先要明确树立"质量"是设计和制造出来的，并不是靠试验考核筛选出来的理念，在这个理念指导下，依靠科学的老化、试验、检测等方法手段将产品中的早期失效品淘汰出来，以确保产品在要求的使用周期内功能、性能满足客户使用要求。今天是信息高度流通，数据被大量采信的时代，数据链尤为重要，任何运作都离不开数据信息的支撑，由此可见，半导体集成电路产品（项目）的开发实现与有效应用，也离不开各方数据信息的鼎力相助，要保证数据链的有效运行，就是要保证上下游数据信息流转的顺畅、及时，产业链、供应链和生态圈等各环节间数据信息能够得到有效控制、提取和传输。

  集成电路运行管理的核心理念，就是保障集成电路产业有序运行、健康发展。人们常说正确的思想决定行动的方向，"芯"产业旅程的第一程就是要树立一种全局化的产业理念，即有了托起"芯"产业的正确思路与思想，行动也就有了正确的方向。

  有了符合客观实际和科学规律的产业思想指引，"芯"产业旅程的第二程就来体验一下集成电路各个产业板块运作的特点。在走入集成电路各块产业之前，我们先来了解一下集成电路产业垂直分工的演进历程。20世纪80年代中期以前，集成电路公司（大多数时候被称为半导体公司）一般都是集设计开发、流片加工、封装实现、测试考核、销售推广、客户服务各功能为一体的集成器件制造商（IDM），以这种模式运行的公司它们自行开发半导体工艺、建设运营晶圆厂、设计研制产品并实施销售。20世纪80年代初，半导体集成电路制造工艺远没有今天这么先进，设计制造的集成电路也没有今天的规模和复杂度，建造一座晶圆工厂购买与维护制造设备的资金成本，以及用于开发提升制造工艺的成本和维持获利所需产量的成本也没有像今天那样动辄就是上百亿美元计，因此"建一座能高产能运转的晶圆厂"并不是一件太难的事，但随着工艺技术的不断进步和复杂度提高，要独立建立一座现代化晶圆厂，又要不断开发新型工艺，并要持续提升工艺水平，此外还要维持获利产量的晶圆加工运行，这样对一个以营销自有产品为目标的集成电路公司（或半导体公司）而言就愈加困难。这时，半导体集成电路产业开始了一

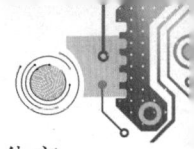

次意义非凡的产业模式垂直分工变革,推动出现一种新型的设计与制造分离的模式,即"无工厂化"(Fabless)模式的诞生。"无工厂化"模式促生了一批批纯粹的设计开发公司,同时"无工厂化"模式也推动产生了一批专事晶圆加工的晶圆代工厂(Foundry),以及专事封装加工的封装组装厂。1984年,美国的芯片技术公司(Chips and Technologies)和赛灵思公司(Xilinx)率先开创了"无工厂化"模式。今天被普遍认为,芯片技术公司的共同创始人兼首席执行官戈登·坎贝尔(Gordon Campbell)是提出小型半导体公司没有自家晶圆厂也有发展空间理念的第一人。赛灵思公司成立于1984年,是行业中一家较早采用"无工厂化"模式的重要半导体公司,这也跟这家公司的产品特性有关系。赛灵思提供的是一种被称为FPGA(Field Programmable Gate Array)的可供使用者再开发的可编程逻辑列阵半定制电路,这类可以供二度开发的半定制集成电路产品,适合在不同半导体制造厂家进行制造,而不必一定要有自己的专门生产线。另一家有影响力的早期"无工厂化"公司是成立于1985年的全球领先的无线科技创新引领者美国高通(Qualcomm)公司。早期的这些"无工厂化"公司虽然各自的专注产品不一样,但它们有一个共同的特点,就是不再建立自有的晶圆厂,而是将自己设计好的产品交由其他半导体公司的晶圆厂加工。这些"无工厂化"公司成立之初,市场上还没有诞生只进行晶圆(芯片)制造加工的晶圆代工厂,它们就将设计好的"数据"交由其他有晶圆厂的半导体公司加工生产。随着"无工厂化"模式摆脱运营晶圆厂所需高额固定成本束缚的优势不断体现,衍生出更多"无工厂化"公司的晶圆加工需求。1987年,在中国台湾地区诞生了世界上第一家纯晶圆代工厂——台湾积体电路制造股份有限公司(Taiwan Semiconductor Manufacturing Company,中文简称:台积电;英文简称:TSMC)。如果你来到中国台湾新竹市科学园区,可以看到在台积电厂区对面是1980年就成立的联华电子股份有限公司(United Microelectronics Corporation,中文简称:联电;英文简称:UMC),它原先是一家传统的IDM半导体公司,1995年也转变成为一家著名的纯晶圆代工厂,如今,台积电和联电成为中国台湾地区半导体公司双雄。经过三十多年的发展,今天全球半导体集成电路公司大部分都采用设计与制造分离的"无工厂化"运行模式,甚至把设计中专门提供复用设计模块(IP)和设计服务的公司再细分出来,制造公司也进一步将芯片制造、

封装、测试，以及材料和装备制造——进行了行业分工，使得半导体集成电路产业链分工更加专业，选择也越加灵活。今天享誉全球的半导体集成电路晶圆代工厂有（按规模排）：台积电（TSMC，中国台湾）、联电（UMC，中国台湾）、格罗方德（Global Foundries，美国）、中芯国际（SMIC，中国）、华虹集团（HuaHong Group，中国）、力积电（POWERCHIP，中国台湾）、高塔半导体（Tower Semiconductor，以色列）。2022年2月15日，英特尔宣布，根据协议，以每股53美元，约合54亿美元购并高塔半导体，进一步扩大其产能和全球布局）、世界先进（VIS，中国台湾）、东部高科（DB HiTek，韩国）和稳懋（WIN，中国台湾）等。

这场由"无工厂化"运行模式推动的半导体集成电路产业模式垂直分工的变革，深深影响了现如今半导体集成电路产业的格局，今天我们无论从数量还是市场经济规模总量来看，"无工厂化"模式都占主要位置。当然，成立于1968年的美国硅谷传奇公司英特尔和成立于1938年的韩国三星（SAMSUNG）集团仍采用IDM模式，并处于全球半导体集成电路领先地位。

集成电路产业由于技术越来越先进，要求越来越高，势必带来运营高成本和高风险，随着产业垂直分工的深入和细分，"无工厂化"模式下除了催生出晶圆代工厂，也不断裂变细分出封装、测试、材料、装备、软件、服务等分支专属产业，其实今天的IDM公司也并非完全大包大揽了，也根据实际需求，不排除有产品与这些专业细分产业合作。同时，也出现一类晶圆代工厂，其采用有别于通常晶圆代工模式的专属服务模式，为特定客户群提供晶圆加工，即出现一种介于"IDM"和"Fabless"模式之间的所谓虚拟IDM（VIDM）和公共IDM（CIDM）模式。

从中我们可以看到，现如今集成电路产业既有原则定位，又有明确分工，刚性需求与柔性匹配相结合，融合交替，长短互补。正是这种兼容并蓄、开合自如、长袖善舞的产业大格局合力托起了那颗"芯"的产业。

"芯"的成长

60多年前，在基尔比手中首次诞生的集成电路虽然石破天惊，意义非凡，但也只有寥寥几个元器件集成在一起，并且性能稳定性和寿命可靠性都远未达到可以作为产品实际使用的要求。在这60多年的风雨跋涉中，半导体集成电路技术遵循摩尔定律发展得越来越先进，器件结构特征尺寸变得越来越"纤细"，但单个半导体集成电路芯片内部所含的晶体管数量却已由最初的以"个"论，一路发展到今天需要以"亿""十亿"，甚至"百亿"计，结构越来越复杂的同时，制造半导体集成电路芯片的硅单晶圆片尺寸也越来越大。一部"芯"技术的发展史从某种意义上可以看成人类科学技术的进步史。

今天，半导体集成电路芯片内部以栅极沟道长度为特征代表尺寸的工艺技术已从最初的几个微米（1 μm = 10^{-3} mm）一路经历了从 0.35~0.8 μm 的亚微米工艺时代；0.25 μm 及其以下的深亚微米工艺时代，到 0.05 μm（50 nm）节点（主要是 40 nm、55 nm、65 nm 工艺制程）及以下（主要是 22/28 nm、12/14/16 nm、7/10 nm 等工艺制程）的纳米工艺时代（1 nm = 10^{-3} μm = 10^{-6} mm）的迅猛发展历程，并且继续沿着摩尔定律指引的规律马不停蹄地朝着 5 nm、3 nm，甚至 1 nm 更先进的工艺制程前进。生产集成电路芯片的硅单晶圆片犹如前面介绍的那样已从最初的 0.75 in（18.75 mm）直径晶圆片一路发展到今天被大量生产使用的 12 in（300 mm）直径晶圆片。

在半导体集成电路自身的成长趋势上人们可以充分体会到，半导体集成电路芯片所包含的器件特征尺寸越来越小，集成度越来越高，设计越来越难，加工也越来越复杂，供应链涉及面越来越广，产业链变得越来越长，软硬结合越来越紧密，应用需求也越来越多元。半导体集成电路"芯"成长给现代社会带来"红利"的同时，也对半导体集成电路技术与产业的发展提出了更多挑战。从真空电子管到晶体管，从晶体管到集成电路，人们在不懈努力，不断交出一份份出色的答卷，这既是人类智慧的体现，更是人类百折不挠追求创新的结果，这些日新月异的创新成果不断推动着"芯"成长。

第三章　硅谷神话
——美国集成电路产业发展历程

知识改变命运，当一所作为知识源泉的大学与一个产业紧密结合的时候，知识改变的就不仅仅是某个个体的命运，其爆发出的能量将引导一个产业的前进步伐，这时知识影响的可能是成千上万人的命运。世界上就有那么一所大学，它严谨的治学精神和倡导的大学工业园区理念彻底改变了一片原本充满田园风光的广袤红土地的格局，使它最终蜕化成具有世界格局、引领全球半导体集成电路发展方向的高科技圣地，同时这块充满创新活力的高科技圣地也滋养出一大批半导体"大神"，这些"大神"开枝散叶，在半导体集成电路发展进程中，从理念、管理、技术、产品、市场等诸多方面给这个世界，尤其是给半导体集成电路产业创立了许多新模式，提出许多新方法，这些都成为世界半导体集成电路产业发展可资借鉴的宝贵财富。

硅谷的传奇

当你来到美国西海岸加利福尼亚州旧金山湾南部的帕罗奥多（Palo Alto）市，将会与一所创造了众多高科技奇迹的大学相遇，这所大学就是著名的斯坦福大学（Stanford University）。斯坦福大学的全名是小利兰·斯坦福大学（Leland Stanford Junior University），19世纪80年代的一天，一对美国老夫妇来到哈佛大学表达想为哈佛捐赠一座图书馆的意愿。哈佛校长接见了这对夫妇并告诉他们，设立一座图书馆大约需要100万元美元，这对老夫妇没有

任何犹豫就答应了，老夫妇只有一个附加条件，就是要在图书馆楼前竖立一座他们儿子的塑像，以纪念老夫妇那位生前最大愿望是进哈佛读书但不幸在佛罗伦萨因病去世的唯一儿子，校长虽深受感动，但由于没有先例最终还是婉言谢绝了。这对前来捐款的老夫妇不是别人，正是美国联邦参议员、加利福尼亚州原州长、加州铁路大王利兰·斯坦福（Leland Stanford，1824—1893年）和他的夫人简·L.斯坦福（Jane L. Stanford，1828—1905年）。利兰·斯坦福对夫人说："以后所有加利福尼亚的小孩都是我们的孩子。"他们回到加州之后，决定把捐款助学变为自己建校，1885年，在斯坦福夫妇拥有的大约8000英亩的土地上诞生了一所"要让全加州孩子读书"的新大学——斯坦福大学，该学校从1891年开始正式招生。老夫妇没想到的是这所当初仅仅为了纪念他们的爱子、以他名字命名的大学，日后会成为一所创造出一系列科技奇迹，走出众多诺贝尔、图灵、菲尔兹以及普利策奖获得者，孵化出惠普（HP）、微软（Microsoft）、谷歌（Google）、苹果（Apple）等企业，以及培养了众多高科技公司领导者和多名宇航员的世界顶尖学府。斯坦福大学所在的帕罗奥多市以红杉树著称，因此斯坦福的徽标和体育运动标志中充满了红杉树的形象（图3.1、图3.2）。

社会进步的历程总是不断给我们创造历史的机会，在一些关键转折点或者十字路口，一个人或者组织做出的一个决定，足以影响一个阶段甚至整个事物的发展格局。1939年，斯坦福大学的两名学生比尔·休利特（Bill Hewlett，1913—2001年）和戴维·帕卡德（David Packard，1912—1996年）在他们导师的鼓励下，怀揣538美元的资助，在校园周边的爱迪逊大街367号一个狭小的车库里，开始了他们的创业之路，他们在这里做成的第一个具有商业价值的产品是音响师使用的电子测试仪器。当时迪士尼正在拍摄电影《幻想世界》，急等着使用这种仪器，经过一番比较，迪士尼发现比尔·休利

图3.1　斯坦福校园俯瞰

图 3.2　主楼外景

特和戴维·帕卡德开发的产品物美价廉，虽然这家公司没有什么名气，但还是一下就订购了 8 台。到 1939 年底，这家车库公司取得了销售额 5369 美元、利润 1563 美元的销售成绩。比尔·休利特和戴维·帕卡德用他们各自姓氏的首字母组合注册了自己的车库公司，这就是今天享誉全球的惠普公司（Hewlett-Packard，HP）。当年这两名年轻人在狭小车库中专心致志埋头开发产品的时候，也许并没有料到他们正在创造历史，他们的这种校园创业模式带动的是一种新型科技创新模式的兴起，这亦成为日后全球高科技创新的标杆，更奠定了他们所处这片土地，也就是后来被称为"硅谷"的地方成为世界高技术创新、创业和产业的聚集地。他们的创业神话使得那间小车库也成了创业者的膜拜之地，1989 年，加州政府把当年那间小车库命名为"硅谷诞生地"（图 3.3、图 3.4、图 3.5）。

图 3.3　HP 创业的车库——"硅谷诞生地"

图 3.4 "硅谷诞生地"铭牌

图 3.5 休利特和帕卡德在车库（1939 年）

这两位斯坦福大学的学生已经很牛了，但他们的导师还要牛，他就是曾担任过斯坦福大学工程学院院长和副校长的弗雷德里克·特曼（Frederick Terman，1900—1982 年）（图 3.6）。当年大多数大学都不认同教授经商，认为商业活动有悖于学术精神，但特曼却认为，科研与商业结合是好事，在硅谷最早上市的三家科技公司，他都担任了董事局的席位。他鼓励教授和学生不仅要在斯坦福进行学术研究，更要将学术成果转化为商业产品，以推动整个地区的经济发展，比特·休利特和戴维·帕卡德就

图 3.6 弗雷德里克·特曼

是第一个响应特曼教授号召的学生，因此，可以毫不夸张地说特曼是 HP 的"父亲"。半导体集成电路产业变革为何会出现在一片田园风貌的加州？高技术公司为何会遍布栽满果树的圣克拉拉谷？当年与哈佛、耶鲁、麻省理工等老牌大学相比，只能算作"乡村大学"的斯坦福大学日后为何能脱颖而出跻身世界一流，并成为世界半导体集成电路工程师的摇篮？这一切，都源于特曼的远见卓识和博大智慧，也成就了今日硅谷强大的产业集聚效应。

特曼自小就生活在斯坦福校园，幼时体弱多病，时常在家休养，养病之余，他喜欢动手摆弄电气小玩意，这使他成了业余无线电爱好者。中学毕业后顺理成章考入斯坦福大学，进入化学系就读，1920 年大学毕业获得学士学

位，毕业后去联邦电报公司工作，不久又考入斯坦福电子工程系，攻读硕士学位，毕业后到麻省理工学院攻读博士学位，他的指导老师就是大名鼎鼎的模拟计算机发明者，也是"曼哈顿计划"的提出者和执行人，被誉为"信息时代教父"的万尼瓦尔·布什（Vannevar Bush，1890—1974年），这位恩师对特曼的最大影响就是："大学应成为研究与开发的中心，而不是纯搞学术的象牙塔。"获得博士学位后，特曼受聘在麻省理工学院任教。1924年，特曼因肺结核病回到加州，病愈后特曼就留在斯坦福担任无线电工程学教授。如果不是这次回乡养病，或许斯坦福就没有那一系列推陈出新，或许就没有以创新著称的"硅谷"出现。在斯坦福，特曼一手创办了电子通讯实验室，许多年轻人都把进入这个实验室作为第一选择，比尔·休利特和戴维·帕卡德也在这个实验室做过研究，后来在导师特曼的鼓励下创办了惠普，特曼作为惠普董事会成员达40年之久，成为硅谷历史上最感人的插曲之一。1977年，比尔·休利特和戴维·帕卡德为感恩母校和老师，两人向斯坦福大学捐赠920万美元，建造了最现代化的弗雷德里克·特曼工程学中心，作为38年前538美元资助的回赠。更值得一提的是，1951年，在特曼的积极推动下，斯坦福大学把约579英亩（约合2.34 km^2）校园地皮划出来成立了一个斯坦福工业园区，这是世界上诞生的第一个以大学主导的工业园区，在这个工业园区里兴建了大量研究所、实验室和办公楼，并将校园的土地和办公设施租赁给初创的高科技公司使用，特曼称它是"斯坦福的秘密武器"。后来，工业园区改为研究园区，成了美国和全世界纷纷效仿的高技术产业区典范（图3.7）。

斯坦福工业园区奠定了"硅谷"成为新兴半导体集成电路产业集聚地的基础，而园区带来的租金，又为斯坦福大学的发展提供了财力，使学校能够有充分资金聘请各领域顶尖人才，通过实施"斯坦福之星"计划和"人才尖子"战略，培养了大量优秀人才，这种良性循环不断促进了"产""学"共同进步。

今天，斯坦福这所昔日的"乡村大学"已成为世界上屈指可数的顶尖综合性大学。正是特曼当年倡导的大学工业园区模式和大学创新产业理念，才打造出"硅谷"这个世界高科技圣地，进而在这片生机勃勃的创新土壤中孕育出惠普、微软、谷歌、雅虎、太阳微系统、英伟达等一大批具有世界影响力的高科技企业。1982年，特曼去世，人们永远怀念他，尊称他为"硅谷之父"。

图 3.7 硅谷全景

硅谷的创新力

创新首先是一种理念，回溯硅谷的创新发展，无论是惠普的车库创业，还是特曼推动的斯坦福工业园，无不融入着一种宽容、开明的创新气息，创新理念已深深扎根在硅谷这片土地上，成为硅谷的文化精髓。斯坦福大学作为硅谷创新源泉，主张大学教育应平衡课堂与实践的时间，学生应该将知识运用到为社会服务的实践中。同时，鼓励教授以身作则，在学校授课的同时要随时了解现实社会的需求。这些办学理念为斯坦福造就了很多优良传统，也为硅谷的成功播下了优良的种子。硅谷的文化中天生就有一种"叛逆"精神，这种"叛逆"精神其实质就是一种"创新"精神，"创新"精神是一切创造力爆发的推手，而拥有叛逆精神的就是那些充满活力和创新力的工程师们。

1955 年，怀揣更远大梦想的肖克利离开了贝尔实验室，回到自己的老家加利福尼亚州。肖克利？发明晶体管的那位伟大科学家？没错！就是这位大神，这次他打算自己创业，建立更伟大的事业。肖克利花了一个夏天，去游说德州仪器、洛克菲勒、雷神等公司，希望他们投资 50 万美元给他建厂生产晶体管，但是都遭到了婉拒。最后，肖克利在加州理工读书时的好友、溶液酸碱度 pH 值测定法的发明人、化学教授阿尔诺德·贝克曼（Arnold Beckman，1900—2004 年）决定为肖克利投资。得到贝克曼的投资后，肖克利终于如愿以偿创办了肖克利半导体实验室，实验室地址选在加州旧金山湾区东南部的圣克拉拉谷，之所以选择这里，是源于斯坦福大学工程学院院长、斯坦福工业园倡导者弗里德里克·特曼教授的热心推荐。肖克利面向全国发布招聘信息，招募电子领域的优秀人才，由于肖克利本身的影响力，全国各地才俊纷至沓来，在这些年轻人中有来自美国东部、后来被称为"硅谷八叛逆"的 8 位青年才俊（图 3.8）。让我们先认识一下他们，日后的岁月中他们各自都还将为半导体集成电路产业添上浓墨重彩的一笔。他们分别是：罗伯特·诺伊斯（Robert Noyce）、戈登·摩尔（Gordon Moore）、金·赫尔尼（Jean Hoerni）、朱利亚斯·布兰克（Julius Blank）、尤金·克莱纳（Eugene Kleiner）、杰·拉斯特（Jay Last）、谢尔顿·罗伯茨（Sheldon Roberts）和维克多·格里尼克（Victor Grinnich）。这 8 位年轻工程师，年龄都在 30 岁以下，风华正茂，学有所成，处在创造力的巅峰期。他们之中，还有 3 位是来自欧

图 3.8 "硅谷八叛逆"（从左到右，分别是：摩尔、罗伯茨、克莱纳、诺伊斯、格里尼克、布兰克、赫尔尼、拉斯特）

洲的移民：克莱纳来自奥地利、格里尼克来自当时属于南斯拉夫联邦的克罗地亚、赫尔尼则来自瑞士。

1956年1月，肖克利、巴丁和布拉顿因为晶体管的发明，得到诺贝尔奖评审委员会通知，他们将被授予当年度诺贝尔物理学奖。得知获奖消息之后，兴奋的肖克利将手下的这些年轻人召集到有名的"黛娜木屋"餐馆，举行香槟早餐会。这时，这群充满理想与激情的年轻人都沉浸在喜悦之中，大家都认为肖克利能够带领他们一路前行，做出宏大事业，创造新的辉煌（图3.9）。

图 3.9　庆祝肖克利获诺贝尔奖举行的香槟早餐会

但是他们预料错了。随着时间的推移，他们才发现，顶着无数光环的肖克利，其实更适合当一名科学家，而非一个好的企业领导。这位天才的科学家，对管理一窍不通，却偏偏十分自以为是，而且对人极其傲慢，虽然雄心勃勃，却完全没有商业策略，经营目标一变再变，以个人喜好而不是从产品定位和技术积累的角度去制定整体发展方向。就这样，实验室成立一年多，一件产品都拿不出来。所有人都对肖克利失去了信心和耐心，尤其是那几位年轻工程师，他们不希望将自己宝贵的青春年华浪费在肖克利身上，于是开始酝酿自己的"叛逃"计划。

1957年夏的一天，在旧金山的克里夫特酒店一间包房内正在进行一次

并不引人注目的朋友聚会,来自加利福尼亚的7位年轻工程师此时正与来自纽约海登斯通投资银行的2位投资银行家阿瑟·洛克（Arthur Rock）和巴德·科伊尔（Bud Coyle）商谈今后创业事宜,这7位年轻工程师就是前面提到的肖克利招之麾下的8位青年才俊中的7位,那位后来起到主导作用并产生深远影响的诺伊斯当时并不在场,因为他是肖克利最坚定的崇拜者和追随者,虽然他对肖克利的处事方法也非常不满意,但他此时还没有像其他7位那样坚决要离开肖克利。房间内7位年轻人正怀着忐忑不安的心情小心翼翼地描述着他们在肖克利半导体实验室如何用硅单晶材料和扩散技术生产出晶体管的方法,7人中的克莱纳对2位投资银行家说,"只要有资金,我们可以在3个月内从无到有生产出有市场应用价值的晶体管"。不久前,当这些年轻工程师决定离开肖克利实验室时发觉,他们除了懂技术之外,什么也没有,最主要的是没有资金。于是,7人中的克莱纳,给负责他父亲企业银行业务的纽约海登斯通投资银行写了封信,信末附了一份极其简单,根本算不上商业策划书的项目计划说明,在这份计划说明书中,克莱纳写道:"我们是一支经验丰富、技能多样的团队。我们精通物理、化学、冶金、机械、电子等领域。我们能在资金到位后3个月内开展半导体业务。"克莱纳的信辗转传递到了海登斯通投资银行的洛克的手里,吸引洛克的不单是信中提到的技术,更是这群年轻人对半导体技术深刻的理解和对产业发展的信心,他非常看重这些年轻人的才华,也看好半导体行业的长远发展,于是他说服他的老板科伊尔一起飞到旧金山和这帮年轻人碰面,这才有了这次面谈。听了年轻人的阐述,洛克说:"你们别再去想找公司雇佣你们的事了,你们就自己开一家公司吧,你们一定成功。"2位银行家对这群年轻人各个方面都感到满意,握手临别时,银行家们若有所思地轻声问了一句:"卖晶体管这种新东西可能会有点问题,谁来当你们的头呢？"7个年轻人像商量过似的马上接口说,"我们有头,但他目前还觉得他对肖克利半导体实验室仍负有责任,我们明天就带他来见你们。"其实这7个人自己早就发现,他们都是技术型,根本不懂管理,更不懂商业,他们这个团队需要一个能做主的"带头大哥",而谁适合做这个"带头大哥"呢？他们不约而同地想到了诺伊斯。在他们眼里,诺伊斯是他们最为认可、最值得信任的"领导者",他既懂技术,又善于管理,智商、情商都很高,是他们都心服口服的领袖。但是,正如前面所说的,诺伊斯一直都很崇拜肖克利，内心始终不想"叛离"他。于是，当晚7人派出罗伯茨作为代表，竭力去说服诺伊斯。罗伯茨很努力，一直和诺伊斯聊到半夜，最终不辱使命成功说服了诺伊斯。第二天一早，罗伯茨挨家挨户到其他7个人家里，把他们接出来，塞进他那辆面包车里，一路赶往旧金山与洛克和科伊尔继续会谈。洛克和科伊尔最终被打动了，洛克掏出10张崭新的一美元钞票，往桌上一拍："什么都别说了，干吧！"科伊尔环视一下年轻人说："协议还来不及准备好，要入伙的，就在这上面签个名！"于是，8个年轻人和2位银行家在华盛顿的头像周围签上了自己的大名，其中一张签满名字的一美元纸钞，如今被当作历史的见证收藏在斯坦福大学博物馆内（图3.10）。

图3.10　珍藏于斯坦福大学博物馆内签满名字的1美元纸钞

1957年9月18日，8个当年肖克利一手招来的年轻才俊一起向肖克利提交了辞呈，这个原本极普通的日子，由于8人的辞职，后来被《纽约时报》评为美国历史上最重要的十个日子之一。肖克利见到辞呈后大发雷霆，痛斥这帮"忘恩负义"的年轻人，骂他们是"叛逆八人帮"，也有被引用为"八叛逆"，这8个"叛逆者"后来对硅谷的发展起到了极其重要的影响。当初谁也没料到，肖克利创造的"叛逆八人帮"一词，后来竟然成为了硅谷传奇的代名词，这种"叛逆"文化也成为了硅谷创新精神的象征，被一代又一代硅谷人"传承"下来，后来肖克利也改口把他们称为"八个天才的叛逆"。8个人辞职之后准备按自己理想大干一场，但是最关键的资金还没有完全着落，这时前面提到的非常认可他们的那位银行投资人洛克起了关键作用，他根据投资判断列出了35家公司，然后挨家挨户打电话联络，说服他们来投资，但均以失败告终。一个偶然的机会，洛克和科伊尔遇到了仙童照相机与仪器公司（Fairchild Camera & Instrument）的老板谢尔曼·费尔柴尔德（Sherman Fairchild），费尔柴尔德的父亲曾经投资过托马斯·J. 沃森（Thomas J. Watson）创办的国际商业机器公司（International Business Machines Corporation），也就是非常著名的 IBM 公司，作为继承人，他成了 IBM 的最大的个人股东，资金雄厚，最后费尔柴尔德决定投资这些年轻人的项目。费尔柴尔德投资"八叛逆"的项目，不仅仅因为个人资金来源丰富，更重要的是费尔柴尔德对技术很感兴趣，他本人也是一个发明家，他发明的飞机照相设备，在二战中发挥了很大作用。这里让我们再一次提起并记住阿瑟·洛克这个名字（图 3.11），是他最早提出"风险投资"理念，是他努力说服了费尔柴尔德在 3600 美元种子基金基础上再加投 150 万美元给硅谷"八叛逆"的项目，最终成立仙童半导体公司。如果没有仙童公司，或许"八叛逆"的理想就不能实现，或许就没有这 8 位俊杰开枝散叶开创硅谷的今天，没有"风险投资"的投资模式推动，更不可能有今天硅谷的创新力。1961 年，洛克本人也从东海岸来到旧金山，正如他所言："加州人有创业精神，但钱全在东部，所以我决定把东部的钱移到加州来，支持新兴的高科技企业。"有意思的是，洛克的字面意思是"岩石"，洛克绝对可称得上是风险投资行业第一块里程碑，是洛克为硅谷的成长播下了希望的种子，他后来投资的英特尔、苹果电脑，以及后来以 10 亿美元被施乐公司（Xerox）收购的科学数据系统（Scientific Data Systems）等公司都成为具有世界影响力的高科技公司。1997 年度《时代》杂志的封面人物是英特尔公司的安迪·格鲁夫（Andy Grove），记者采访格鲁夫时，他却将他和英特尔的成功归功于当初扶持他创业的这位风险投资家阿瑟·洛克，阿瑟·洛克的投资哲学和为人处世也成为后来者的楷模。

凭借费尔柴尔德 150 万美元的追加投资，1957 年，硅谷第一家真正意义上由技术与资本相结合的风险投资创办的半导体公司——仙童半导体公司宣告成立。仙童成立时将股份分割为 1325 股，

图 3.11　阿瑟·洛克

8位青年才俊每人100股，海登斯通225股，剩下300股留给公司日后的管理层，从中我们可以看到现代资本投资和激励机制的身影。当时的投资协议还特别写明，如果仙童连续三年净利润超过30万美元，仙童母公司有权以300万美元收回股票，或5年后以500万美元收回股票。这份协议，标志着硅谷第一次有了真正意义上的风险投资，而仙童的创立，被公认为是硅谷半导体集成电路产业诞生的标志（图3.12）。

图3.12　美国仙童半导体公司

仙童成立后的第一笔订单是由费尔柴尔德以IBM大股东身份促成的IBM向仙童以每个150美元的价格订购100个硅晶体管。为了按要求完成订单，8个人进行了分工：诺伊斯与拉斯特负责硅晶片蚀刻；赫尔尼负责扩散工艺；罗伯茨负责切割打磨；摩尔负责设计建造熔炉；克莱纳与布兰克负责加工设备的研制及改进制造工艺；格里尼克负责测试，这是半导体产业有史以来最强阵容的通力协作。在大家的齐心努力下，6个月后，第一批采用平面双扩散工艺制造的NPN型硅晶体管问世，订单成功交付，仙童通过这笔订单的成功交付，站稳了脚跟并且开始进入高速发展阶段。到1958年底，仙童的销售额达到50万美元，员工增加至100人，依靠技术创新优势，仙童一举成为硅谷成长最快的公司。1960年。当时仙童母公司根据投资协议，行使了自己的权利，回购了全部股份，8位创始元老每人得到25万美元，这在当时的美国

是一笔巨款。从 1960 年到 1965 年，仙童每年的销售额都翻一番。1966 年的时候，仙童已经是仅次于德州仪器的第二大半导体公司，随着时间的推移，当年的 8 位才俊有了新的创新目标。1961 年，赫尔尼、拉斯特和罗伯茨率先离开仙童创办了 Amelco 公司，这个公司后来发展成专业的自动化测试设备制造商泰瑞达（Teledyne）。1962 年，8 人中最具金融市场意识的克莱纳离开仙童创办了 Edex，1967 年他又创办了 Intersil 公司，再后来更厉害，他一手缔造了美国最大的风险基金公司凯鹏华盈（Kleiner Perkins Caufield & Byers，KPCB）。不仅如此，根据资料记载，他至少创办了 12 家公司。1968 年 8 月，诺伊斯与负责研发的摩尔一起辞职，他们还带走了工艺开发专家安迪·格鲁夫（Andrew Grove），这三位就是我们下一节的主角，他们三人共同创办的公司，就是日后但凡讲到半导体，讲到集成电路，讲到微处理器，讲到计算机就一定会津津乐道一番的著名半导体公司英特尔。这三人个个厉害，诺伊斯实际也是集成电路发明者之一，摩尔提出了大名鼎鼎的摩尔定律，格鲁夫更是在半导体集成电路企业运营管理领域形成了一整套方法，这些方法心得总结在《只有偏执狂才能生存》和《格鲁夫给经理人的第一课》等著作里，成为管理方法学经典。此后不久，格里尼克也离开了仙童，回到了大学教书。1969 年，8 人中的最后一位布兰克也离开了。至此，当年的 8 位"仙童"全部离开了仙童公司。除了这 8 位"仙童"，还有一些员工也先后离开仙童去创业，其中就包括销售部主任杰里·桑德斯（Jerry Sanders），他带着 7 位仙童员工一起离职，创办了超微半导体公司，这个公司还有一个更广为人知的名字叫 AMD。超微半导体公司与英特尔的创始者都来自仙童，可谓同宗同源，但一路相爱相杀，竞争不断，这也从另外一个侧面反映了"硅谷"文化中那种合理竞争、不断进取、勇于创新的精神内涵。

谈到"硅谷"创新一定绕不开仙童半导体和那些"仙童"们，仙童不仅仅是"硅谷"第一家由风险投资成立的公司，更是"硅谷"创新精神的体现。苹果公司前 CEO 乔布斯对仙童有个脍炙人口的比喻："仙童半导体公司就像是成熟了的蒲公英，你一吹它，这种创业精神的种子就随风四处飘扬了。"这个比喻太形象了，仙童就是希望与创新的"蒲公英"，今天的"硅谷"已成为全世界半导体人才的摇篮。20 世纪 80 年代初出版的畅销书《硅谷热》里有这样一段描述："硅谷大约 70 家半导体公司的半数是仙童的直接或间接后裔。

在仙童供职是进入遍布于硅谷各地的半导体企业的途径。1969年在森尼维尔举行的一次半导体工程师大会上，400位与会者中，只有24人未曾在仙童工作过。"仙童是半导体发展史上的壮美史诗，是孵化半导体"大神"的温床，是一个时代无可替代的标志。

今天当我们再一次站在斯坦福大学主楼前的圆形草坪旁，凝望主楼背靠的那片北加州特有的橘红色山丘，你也许更能体会，当年如果没有斯坦福，也许今天这里依然是充满田园风光的红土地；如果没有特曼教授的睿智，也许就没有推动"硅谷"发展的斯坦福工业园；如果没有肖克利的"不安分"回到斯坦福工业园创业成立肖克利半导体实验室，也许就不会吸引"八叛逆"在内的众多青年才俊来到北加州这片创新高地；如果没有洛克、科伊尔以及费尔柴尔德等人的慧眼识珠，也许就不会诞生具有里程碑意义的仙童；如果没有"硅谷八叛逆"的勇敢和创新，也许不会有英特尔、超微半导体等一大批杰出半导体公司的诞生；如果没有乔布斯的"异想天开"，也许不会有苹果公司的今天……

硅谷的创新也得益于"天时""地利""人和"。硅谷从无到有，成为世界高新技术，尤其是信息技术以及半导体集成电路技术创新源泉和产业高地，靠的是抓住了二战后电子工业革命技术创新的大好时机，一路紧随20世纪60年代开始高速发展的半导体技术、80年代迅速兴起的电脑技术、90年代快速发展的互联网技术，以及进入21世纪又紧密贴近大数据（Big Date）与人工智能（AI）技术发展步伐，开创新先河，立弄潮源头，引领世界科技进步，此为"天时"；特曼创建的大学工业园模式，给创新提供了舞台，使创新者的梦想得以实现，形成高新技术企业创新与产业集聚效应，成为世界高新技术和产业发展的风向标，此为"地利"；以开放发展心态鼓励试错，包容失败，容忍人才流动，给创新、创业者提供资金、法律支持，各地人才都可以在这里找到适合自己的一席之地，此为"人和"。

在当今高速迭代的经济环境下，企业的竞争力已不仅仅局限在价格竞争，更多的是看能否更快开发新技术、新产品，能否不断拓展新市场并不断完善已有的产品。这就是不断创新的理念，硅谷把这种文化理念烙在每一寸土地上，契合了高科技产业的发展，而高科技产业的发展壮大又不断巩固着这种文化理念，两者相互促进，融合发展，最终形成了今天以创新为特点的

硅谷文化。今天，硅谷仍以它快速创新的步伐持续影响着世界科技，并凭借其创新为核心精神的地域特质形成了对产业、资本和人才的巨大吸引力，这些都有力保障了硅谷创新发展的良性循环。创新发展的思路造就了硅谷引领世界高新技术的地位，最终也实现了硅谷成为世界技术创新高地的伟大梦想。

世界集成电路王者——英特尔

在业界提到半导体，一定会联想到晶体管，联想到晶体管，一定会畅谈到集成电路，更会关联起固体电子学或微电子学。凝望着这些无论用哪国文字书写都是普通得不能再普通的文字，甚至很多国家书写的这些名词都是读音相近的外来词，但隐含在这些名词背后的发展史却是一部艰难前行的信息技术变革史，更是一部深邃的人类社会文明不断进步的发展史。这些名词代表着科学，代表着技术，更代表着产业。回望这些名词所代表的许多标杆，就是以今天的科技眼光评估，很多仍然是高山仰止的神来之笔，巅峰之作。50年前在加州广袤土地上诞生的英特尔就是杰作之一，50多年后的今天，英特尔依然保持着它全球集成电路产业王者的地位，引领世界集成电路先进技术和微处理器技术一路前行到今天，它也是创始人罗伯特·诺伊斯的平面工艺和戈登·摩尔的摩尔定律的坚定践行者。这两位"大神"的名字我们已经如雷贯耳，知道他们是硅谷有名的"八叛逆"成员，也知道诺伊斯是集成电路的发明者之一，摩尔更是著名的摩尔定律的首创者。

罗伯特·诺伊斯1927年出生于美国爱荷华州。中学毕业后，考入格林纳尔学院，同时学习物理、数学两个专业，1953年获麻省理工学院物理学博士学位。戈登·摩尔1929年出生在美国加州的旧金山。他曾获得加州大学伯克利分校的化学学士学位，并且在加州理工学院获得物理化学博士学位。当年，诺伊斯和摩尔一起加入肖克利半导体实验室，1957年又一同和"八叛逆"其他人员一起发起成立仙童，1968年又共同携手创立了今天万众瞩目的英特尔公司。当然，英特尔能发展到今天并屹立不倒，长盛不衰，除了这两位创立者外，还有一位在英特尔的发展中举足轻重的人物，他就是同样来自仙童的安迪·格鲁夫。格鲁夫并不是出生在美国，他1936年出生于匈牙利布达佩斯一个犹太人家庭，原名叫安德拉斯·格洛夫（Andras Grof）。20岁时，

图 3.13　英特尔公司外景

他到了美国，并改名为安迪·格鲁夫，不久他进入纽约城市大学，后来又进入加州大学伯克利分校，并于 1963 年获得博士学位，同年，进入仙童工作。诺伊斯、摩尔和格鲁夫被称为英特尔"三剑客"，正是由于他们的智慧和勇气，带领英特尔员工披荆斩棘，不断开拓进取，缔造起一个 50 多年后仍熠熠生辉的半导体公司（图 3.13）。

创建英特尔公司时，诺伊斯和摩尔犹如当年一样，除了技术，其他一无所有，包括资金，于是诺伊斯和摩尔找到了老朋友、当年帮他们成立仙童、成就这些年轻人梦想的风险投资家阿瑟·洛克，洛克毫不犹豫地为新公司投资，并成为英特尔最初的董事会主席。在新公司成立的当天，格鲁夫就加入，成为公司的第三位员工（图 3.14）。最初给新公司起名时，考虑把诺伊斯和摩尔两位创始人的名字都包含进去，但马上发现"Moore Noyce"由于读音相近，很容易被误解为"More Noise"，即"更多噪声"。于是，1968 年 7 月 18 日，新公司成立时就先取名为"NM Electronics"（NM 电子公司）。据说，"Intel"的名字源自英文单词"Intelligence"（智慧），又暗含英文的"Integrated Electronics"（集成电子）之意。最终他们把公司名字确定为"Intel"，但好事多磨，这时他们发现白忙活了，因为"Intel"作为商标已经被一家叫 Intelco 的酒店注册，最终经过协商，他们从这家酒店购买了"Intel"的商标使用权，公司才改成现在的名字"Intel"。在英特尔创建初期，诺伊斯主导奠定了公司文化，开创了一种没有墙壁的隔间办公室新格局，从而取消了传统管理上的

图 3.14　英特尔公司创始人：格鲁夫（左）、诺伊斯（中）、摩尔（右）

等级观念，这种办公室布局被广泛应用至今。

英特尔最初的产品定位是半导体存储器芯片，神奇吧？一个微处理器的世界王者，竟然是从存储器起家的，后面我们还会看到更神奇的一幕，促使英特尔转型做微处理器，最终成为王者，并不出自自愿，而是被逼无奈之举。1969年，英特尔推出采用肖特基（Schottky）双极型工艺开发的首款产品随机存储器（RAM）——3101存储器芯片，这也是世界上第一块半导体固态存储器芯片，存储容量64 Bit（比特），紧接着英特尔又发布世界上首款采用金属氧化物半导体（MOS）技术开发的静态随机存储器（SRAM）产品1101，1101容量是3101的4倍，达到256 Bit，是世界上首款采用MOS工艺实现的商业化SRAM存储芯片。同时英特尔又接到来自汉密尔顿电子公司（Hamilton Electric）订单，这是英特尔成立以来的第一份订单，同年，英特尔在瑞士日内瓦建立了美国本土之外第一个销售办公室。1969年对英特尔来说是值得骄傲的具有里程碑意义的一年，从此英特尔无论从技术、产品到市场都步入发展快车道。1970年，英特尔又相继推出容量更大，达到1024 bit的动态随机存储器（DRAM）1103等存储产品，这种有着很好性价比的半导体存储产品深受市场欢迎，供不应求。英特尔半导体存储芯片的诞生正式宣告了以往传统磁芯存储器的时代一去不复返。同时英特尔在加州圣克拉拉市购买了26英亩（约合105000 m^2）土地，建造第一个厂房，开启了延续至今的集成器件制造（IDM）运营模式。1971年，成立三年的英特尔以每股23.5美元成功发行股票公开上市，募集了680万美元。

在英特尔，摩尔定律得到了最彻底的发挥和坚定的实践。从20世纪70年代起，英特尔就打造了以"不断改进芯片的设计，以技术创新满足计算机制造商及软硬件产品公司更新换代、提高性能的需要"为核心的经营理念。摩尔也曾提出，"只有不断创新，才能赢得高额利润，并将获得的资金再投入下一轮的技术开发中，才会在竞争激烈的市场上生存下来"的理念，摩尔的口头禅就是"改变是我们终身的热爱"。1971年，英特尔研制生产出世界上第一块通用可编程微处理器（Microprocessor）芯片——"4004微处理器"，这个只有大拇指指甲大小的芯片却集成了2300个晶体管，计算能力已经达到1946年世界上第一台计算机ENIAC的水平，我们知道那台计算机占满一大间房间。一个以开发制造存储器芯片为主的公司，怎么一不小心又开发出世界第一块微处理器芯片呢？这里有一个小插曲，当初在决定是否要启动微处理器业务时，英特尔内部是有很大争议的。虽然英特尔三位创始人都是半导体芯片领域的重量级人物，但英特尔当时还是一个初创公司，主要产品存储器芯片随着技术的成熟要保持竞争力就要按摩尔定律不断投入研发更先进工艺，这样对初创公司而言很难保持利润，加上日本在存储器芯片领域快速崛起，英特尔面临极大挑战。当时首席执行官诺伊斯想要做微处理器时，另一名创始人格鲁夫为此与诺伊斯发生了激烈的争吵，要求把资源集中到存储器芯片上，但诺伊斯最终还是批准了微处理器的研发项目，而他之所以做这个决定，其实是接到了一个订单，而促成这个订单的，是他的一个狂热粉丝。当时的诺伊斯在业界已是声名鹊起，是一名有着众多崇拜者的业界大牛，很多人以诺伊斯为自我奋斗榜样，诺伊斯不仅在美国本土被推崇，连当时正在大力发展电子产业的日本也有诺伊斯的崇拜者，日本夏普株式会社（Sharp Corporation）的佐佐木正就是其中之一。英特尔成立之初，所开发生产的半导体存储器产品销路不佳，公司一直靠"烧"投资支撑。一方面是因为长期以来业界一直使用磁芯存储器，普遍缺乏固态内存使用的经验；另一方面，英特尔本身对MOS工艺磨合不足，产品合格率低。作为公司当家人，诺伊斯就满世界为英特尔拉客户以图撑过难关，一次当诺伊斯来到日本时，佐佐木正想着一定要和心中崇拜的偶像见一面，见面前佐佐木正还特意准备了好些认为能吸引偶像的话题，其中一个话题就是他手下的一名工程师最近找他谈的一个想把电脑的所有功能都集成在一颗芯片上的构想。但出人意料的是，诺伊斯对这些话题都没多少兴趣，他此行日本的目的就是一心想从夏普拿订单。但事与愿违，让诺伊斯失望的是夏普当时并没有合适的订单能给英特尔。看到诺伊斯极其失望的神态，佐佐木正内心很是自责，但他马上想到大学好友和以前老同事小岛义雄所在的比吉康（Busicom）公司可能会有合作的可能，于是牵线介绍两人见面。佐佐木正引荐的比吉康当时是一家专做计算器的日本小公司，经过谈判，比吉康和英特尔达成了合作意向，要英特尔为其定制开发可用于计算器的芯片组。一开始合作时比吉康公司负责该项目的工程师永赖志麻提出由12款不同功能芯片组成的方案，也就说，按这个方案要分别设计开发12款芯片，但是当时英特尔的人都在忙他们的主业存储器产品的开发，根本没有人力资源去开发这么多款芯片，合作陷入了僵局。英

特尔内部接手这一项目的一位名叫特德·霍夫（Ted Hoff）的工程师研究后发现，永赖志麻的方案在芯片种类和输出引出端等方面都过于复杂，相互连接困难，不易实现。于是，霍夫和同事斯坦利·马泽尔（Stanley Mazor）在原方案基础上重新设计了一个新方案，这个新方案的核心思想是把所有运算功能集中到一个芯片上，这一思路成就了今天通用编程处理器最初的雏形。新方案不仅降低了实现复杂度，而且大大降低了成本，比吉康公司欣然接受了这个方案。要命的是，当时英特尔内部几乎所有人都在忙着优化改进 MOS 内存生产工艺的事，无暇顾及这个非主业项目，几个月过去，比吉康公司回访猛然发现英特尔在这个项目上几乎原地未动，大为震怒，给英特尔发了一封措辞严厉的公函，诺伊斯从信中读出了对方的怒火，连忙派出刚从仙童半导体挖过来的技术专家弗德里克·法金（Federico Faggin）接管这个项目，项目总算又启动了，在霍夫他们的设计方案基础上，两家公司的工程师通力合作，仅用 6 个月就完成了相关芯片的设计，最终设计方案由 4 块芯片组成，4001 为动态随机存储器（DRAM），4002 为只读存储器（ROM），4003 为移位寄存器（Register），4004 为中央处理器（CPU），这四块芯片就可构架出一台微型计算机系统。本来嘛，芯片组是比吉康特别定制的，按说项目开发完成，日本人应该结账拿产品走人，英特尔也继续做他们主业存储器产品，事情也算完美收官，但事物发展到这里出现了一个极富戏剧性的拐点，历史老人在这里一时兴起给我们开了一个不小的玩笑，因为市场竞争激烈，比吉康不得不减少产品种类，只留下低成本的计算器产品型号，然后打价格战。等英特尔要全部交付 4000 系列芯片时，比吉康资金发生短缺，付不出当初和英特尔签订的 6.8 万美元研发费用余款，便以 4000 系列定价太高，需对合同进行重新谈判为由拒付款项。英特尔的营销顾问和宣传代理人雷吉斯·麦肯纳（Regis Mckenna）提议让比吉康放弃 4000 系列芯片组的专属权利，这样会帮助英特尔拓展出更多新市场。1971 年 5 月，比吉康签字放弃 4000 系列芯片组除计算器以外的专属权利，不过到年底，绝望的比吉康连在计算器上使用微处理器的专属权利也放弃了，后来的事实证明这也许是商业史上最大的失误之一。试想，如果比吉康保留 4000 系列芯片组的专属权利，在未来几年单靠专利授权它就能赚上数十亿美元，但历史没有如果，历史老人向比吉康无奈地挥了挥手，比吉康的背影也最终消失在历史的滚滚洪流中。不过，历史老人即兴开的这个玩笑却成就了英特尔，在与比吉康签署修订合同后，英特尔决定把已获得转让的 4000 系列芯片组转成一条正式的产品线，开始销售给商业客户，其中 4004 成为世界上第一块商业化的微处理器（图 3.15）。在这个历史拐点，英特尔牢牢抓住了稍纵即逝的历史机遇，实现了从单一的存储器供应商向微处理器供应商多元发展的华丽转身，自此英特尔在微处理器研发路上一路开挂，创造了从 4004 到 8008、8080，再到 80286、80386、80486，以至于一路进入奔腾（Pentium）、赛扬（Celeron）、至强（Xeon）、安腾（Itanium）的世界微处理器王者时代。在英特尔内部对于微处理器的开发遵循着独特的 Tick-Tock 模式，这种模式犹如钟摆节奏，每隔两年就会推出新的制程技术，然后隔年推出新的微架构，即一代工艺催生新一代微架构，交替促进制造技术与架构的先进性进步。顺便提一下，最初促成英特尔与比吉康合作的那位诺伊斯的日本铁粉佐佐木正也不是一般等闲之辈，他一直活到 102 岁辞世，他是电子计算机集成电路化的积极推动者，正是由于他的不懈追求和努力，让液晶电子计算机得以成功开发并应用与人们生活的方方面面，成为今天几乎每个家庭，甚至每个学生都拥有的一种便携式计算工具，他被尊称为"电子计算机之父"。佐佐木正还是软银创始人孙正义事业起步的伯乐。孙正义 21 岁时那年利用暑假从美国回到日本尝试销售一款有声电子翻译机，却接连碰壁，最后佐佐木正帮助了初出茅庐的孙正义，以至于孙正义每每回想起此事时都会不胜感慨："支持自己第一次创业的佐佐木正先生是我的恩人……"

在浩瀚无垠的宇宙空间中，人类已捕获观测到 70 多万颗小行星，其中第 8080 号小行星被命名为 Intel，用来纪念英特尔当年推出的 8080 这枚启动了个人电脑产业的微处理器芯片，正是有了英特尔的微处理器芯片，才有了个人电脑（PC）风起云涌的发展，也从某种意义上极大促

图 3.15　世界第一块微处理器 4004

进了人类社会的发展。英特尔的微处理器芯片为电脑技术和产业发展打开了新天地。1974年末，医学博士爱德华·罗伯茨（Edward Roberts）脑洞大开，产生了用英特尔芯片来做一款个人电脑的想法，罗伯茨并不是计算机科学家，甚至连黑客都不是，他只是纯粹的个人电脑发烧友，他在新墨西哥州自己开设的小公司MITS里动手用8080这块微处理器芯片搭建出世界上第一台个人电脑Altair 8800。短短几个月时间，这种电脑就销售出了好几万台，个人电脑开始在全世界范围内兴起，揭开了个人电脑革命的序幕，爱德华·罗伯茨也被称为"个人电脑之父（PC之父）"。1975年1月，《大众电子学》封面刊登了由罗伯茨组装的个人电脑Altair 8800，在导语中，《大众电子学》宣称电脑走进千家万户的时代来临了。8080不仅催生了个人电脑时代的到来，还点燃了两位年轻人编写个人电脑软件的激情，这两个年轻人就是后来缔造了微软帝国的比尔·盖茨（Bill Gates）和保罗·艾伦（Paul Allen）。英特尔从单一存储器芯片到微处理器芯片的华美转身，其中所蕴含的意义即将在接下来英特尔穿越危机、突出重围的大剧中表现得淋漓尽致。

　　从成立之日起，多年来英特尔就是"半导体存储器芯片"的同义词。以至于英特尔几乎无法相信，进入20世纪80年代，他们竟然会在自己开创的存储器芯片市场上被当年的徒弟日本甩在了后面的事实。进入1984年，英特尔存储器业务开始衰退，制造出的产品积压在仓库里，资金周转失灵，公司危机四伏，利润一落千丈，从1984年的1.98亿美元急剧下滑到1985年的不足200万美元，公司经营出现严重危机，好在格鲁夫创立的目标式管理支撑住了企业运营的重心，而且微处理器芯片业务也逐渐成熟。1985年的英特尔在存储器芯片市场上已经被日本徒弟打得徘徊在"死亡之谷"，格鲁夫在他1996年出版的《只有偏执狂才能生存》(Only the Paranoid Survive)这本管理名著中回忆起当时的情景：我望着窗外远处大美洲主题公园里旋转着的摩天轮，转向摩尔问："如果我们下台了，公司再任命一个新CEO，你觉得他会怎么办？"摩尔不假思索地回答："他会放弃存储器业务。"我呆呆地注视着他，然后说："那我们为什么不这么做呢？"这段著名的硅谷对话，把英特尔从濒临死亡边缘拉到新的发展方向上，董事会讨论决定彻底放弃半导体存储器芯片产品，将所有资源投入微处理器芯片研制中，英特尔的经营者们将目光落在了80386上，就选你了，从此这个凤凰涅槃、面目一新，引领微处理器发展并成为世界半导体技术与产业发展风向标的伟大公司走上了新征程。

执世界集成电路技术与产业牛耳

　　世界上第一个半导体晶体管发明在美国，世界上第一个围绕大学的工业园——斯坦福大学工业园创立在美国，世界上第一块集成电路和平面工艺技术诞生在美国，世界上第一家真正意义上的风险投资创立的半导体公司——仙童半导体公司也在美国催生，更重要的有一批极其聪明又富有"叛逆"精神的半导体"大神"们活跃在美国，他们开先河，立潮头，为今天全球半导体集成电路产业发展格局的形成奠定了基础，更为推动当代集成电路技术与产业发展树立了标杆。今天客观地评判美国半导体集成电路产业，有很多地方值得我们借鉴与学习，无可否认美国是当今世界半导体集成电路技术与产业强国。

　　一路行来，我们一直徜徉在半导体集成电路发展的漫漫历史长河中，领略着波澜壮阔的半导体集成电路发展史，感受着先行者的智慧与勇气。到这里我们稍做停歇，静静思考一下美国为何可以执世界半导体集成电路技术与产业牛耳？纵观世界集成电路发展的六十多年风雨历程，除20世纪80年代中期的一段时期被日本半导体集成电路产业反超以外，美国无论在技术、产业、抑或是市场占有率上都一直高居全球半导体集成电路领域龙头地位。虽然其间有地域摩擦等政治影响，以及金融危机带来的损害，但龙头主导地位一直未变，并且引领世界半导体集成电路技术与产业向前发展。我们今天来看美国半导体集成电路产业，可以发觉一个突出的特点，就是涉及半导体集成电路产业链上设计、制造、封装、测试，以及起支撑作用的开发工具、装备、原材料，甚至包括系统应用各层面、各节点，都布局齐全，少有短板，几乎做到招招有应对的地步。在芯片设计领域，出现在前十的世界头部设计企业有美国众多公司的身影，我们再深入了解一下这些公司，就会发现那不是一般的"牛"。比如创立于1985年并在纳斯达克上市的高通（Qualcomm），其总部设于美国加利福尼亚州圣迭戈市，35400多名员工遍布全球。高通是全球领先的无线科技创新者，变革了世界连接、计算和沟通的方式，高通发明的把手机连接到互联网技术，开启了移动互联时代。现如今，高通的基础科技赋能了整个移动生态系统，形成13万多项数据移动通信专利，每一

台 2G、3G、4G 和 5G 等智能手机中都会用到其发明，全球几乎所有手机和移动终端制造商都会使用这些技术，要使用就要谈判获得技术使用授权，支付相应的授权费，这个费用被业内揶揄为"高通税"。高通因其对无线技术发展的巨大贡献和对 5G 的推动，《财富》杂志评选授予高通"改变世界的公司"荣誉；同样成立于 1991 年，总部设在美国加利福尼亚州尔湾市并在美国纳斯达克上市的博通（Broadcom）公司也是全球领先的致力于有线和无线通信产品开发的半导体公司。博通开发的产品可提供一流的片上系统和软件解决方案，在家庭、办公室和移动环境间实现信息互动以及语音、数据和多媒体传递。这两家公司目前几乎占了全球移动通信芯片和系统解决方案市场的大半市场。说过了移动和无线通信领域的佼佼者，再和将智能互联带入千家万户的人工智能世界领先企业英伟达（Nvidia）握个手吧。成立于 1993 年的英伟达公司，总部位于美国加利福尼亚州圣克拉拉市，也在纳斯达克上市。英伟达是当今引领世界人工智能技术发展的公司，它推出全球首个图形处理器，让全世界重新认识了计算机图形处理的威力。英伟达不断为视觉计算树立全新标准，其新颖的交互式图形产品可广泛用于平板电脑、便携式媒体播放器和笔记本电脑与工作站等各种设备之上。英伟达拥有 1800 多项发明专利，涵盖了现代计算的诸多领域。高通、博通给无线通信带来新技术，成为世界无线通信芯片的"引领者"，英伟达的图形处理器主导人工智能算力性能不断提升，成为人工智能技术的"布道人"。接下来我们再来认识一下可重构逻辑的"教父"赛灵思，赛灵思创立于 1984 年，总部设于美国加利福尼亚州圣何塞市，赛灵思是现场可编程逻辑阵列、可编程片上系统以及自适应计算加速平台的发明者和倡导者，是全球可重构完整解决方案的引领者，它也是纳斯达克上市公司，在全世界约有 2600 名员工，约一半是软件开发工程师。赛灵思首创的一种以半定制逻辑门阵列为基础的可编程、可重构设计方法，能使用户使用赛灵思配套及其合作伙伴的自动化软件工具对器件进行编程和再开发，从而完成特定的应用目标功能设定。赛灵思是可编程器件的一面旗帜，近 40 年来一直以其特有的性能引领着世界可编程器件结构、技术和产品的发展，给集成电路业界带来一种新颖的设计方法，目前更在谋取与微处理器融合之路。在高手如林、英雄辈出的美国集成电路设计企业中，美满电子科技公司（Marvell）也是一家极具代表性的"无工厂化"公司。美满电

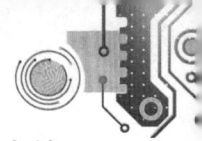

子科技公司创立于1995年，总部位于美国加利福尼亚的圣克拉拉市，也在纳斯达克上市，公司每年销售近10亿颗集成电路芯片，美满电子在微处理器体系架构及数字信号处理方面的研究成果极大地推动了大容量数据存储、移动与无线通信、网络与消费电子，以及绿色应用等领域的快速发展。公司初创时取"Marvell"为公司名，引自于"Marvelous"，中文含义是"了不起"，公司创始人心中要的目标是建立一个了不起的公司，今天他们做到了。关于超微半导体（AMD）前面我们已经领略了其风采，它和英特尔一样是世界顶尖的微处理器公司，2022年2月14日，超微半导体宣布以全股份交易方式完成对赛灵思的收购，使超微半导体成为一个能够提供包括中央处理器（CPU）和图形处理器（GPU）在内的一系列扩展解决方案的公司。除此之外，世界先进射频前端芯片设计公司阵营中还有思佳讯（Skyworks）、安华高（Avago，2015年被博通收购）和Qorvo三家美国公司的身影，这三家公司的射频前端芯片供应占全球90%以上市场份额。在世界模拟电路设计第一方阵中你可以看到德州仪器、ADI、美信、安森美（ON-Semi）、微芯科技（Microchip）等美国公司的身影，它们都是全球排名前十的模拟集成电路设计开发和供应商。在新一代特色的宽禁带半导体技术发展领跑队列里有Cree、II-IV、道康宁（Dow Corning）等企业，他们所提供的宽禁带半导体SiC材料占全球市场总量的70%以上。设计所必需的电子设计自动化（Electronic Design Automation，EDA）软件（工具）阵营中，成立于1988年，总部位于美国加利福尼亚州圣何塞市的楷登电子（Cadence）；成立于1986年，总部位于美国加利福尼亚州山景城的新思科技（Synopsys）和成立于1981年，总部位于美国西部俄勒冈州威尔逊维尔市的明导（Mentor Graphics，2016年被西门子收购）是世界前三的EDA公司，这三家EDA供应商可提供集成电路芯片设计仿真、数字电路设计验证、物理版图后端设计等方面的全套芯片设计解决方案，占领全球60%以上EDA应用市场。在集成电路芯片流片加工制造领域，英特尔和格罗方德（Global Foundries）是公认的世界一流的芯片制造厂，制造方面除了流片，在封装测试方阵，有仅次于中国台湾地区日月光、排名全球第二的美国安靠（Amkor）。最后再让我们关注一下半导体材料领域，美国陶氏化学是光刻胶、化学机械抛光（CMP）研磨液等领域的佼佼者。

纵观美国半导体集成电路产业全产业链，在各环节都有不俗的表现，表

明美国在半导体集成电路技术与产业发展均衡性把控得比较好,许多节点的特色企业都是主导产业技术与发展的引导标杆。诚如前面所言,美国是全球半导体晶体管和集成电路的发源地,产业历史悠久,经过多年的发展,涌现出诸如英特尔、高通、博通、德州仪器等一大批有世界影响力的半导体集成电路企业,这些企业普遍具有雄厚的实力,对新技术展开不断研发,美国作为集成电路起源地的先天优势和不断创新的后天促进,推动了美国集成电路产业的持续发展。同时,美国科技产业的发达更拉动了对集成电路的需求,仅在美国旧金山湾区南面的硅谷就坐落着科技巨头苹果、亚马逊、微软、脸书、谷歌等,尽管这些科技企业中有些不自己开发制造集成电路,但他们所从事的行业拉动了对集成电路的需求,带动了集成电路的供给。我们透过"硅谷"这个科技创新高地,还可以感受到另外很重要的一点,这就是在产业环境上的扶持,明确集成电路是战略性、基础性、先导性的产业,在投资、税收等方面为集成电路的发展营造了一个良好的产业环境。同时,美国高度重视科技人才的培养和引进,对科技行业的人才引进和培养都给予最宽松的政策和扶持,吸引了一大批集成电路专业人才,如晶体管技术的发明者肖克利来自英国,硅谷"八叛逆"中也有三位是来自欧洲的移民,对人才的包容、培养和引进在一定程度上促进了其产业的飞速发展,这些都有力促进了美国在半导体集成电路技术和产业各个环节都能保持均衡、全面的发展,保持技术与产业处于不断提升创新和领先发展的地位,执世界集成电路技术与产业牛耳。这些都是值得我们借鉴和学习的,正所谓他山之石,可以攻玉。

游戏规则长袖善舞

在世界半导体集成电路技术与产业发展长河中,美国一直保持着引领的角色,这也造成美国在对待世界其他国家半导体集成电路技术与产业崛起和进步时的双重心态,一方面需要与外界合作得到实惠,另一方面又时时提防美国本土以外的企业过于发展而威胁到其霸主地位。美国作为世界半导体集成电路强国对其他国家与地区在半导体集成电路技术与产业核心环节的发展不可否认具有影响力。1987 年,在美国政府年预算补贴 1 亿美元的资助下,美国国际商业机器、英特尔等 14 家在美国半导体制造业中居领先地位的企业发起成立美国半导体制造技术研究联盟（SEMATECH），这些发起企业代表美国当时85%的半导体制造能力。联盟使命之一是提高半导体技术的研究数量，二是为联盟内的成员企业提供研发资源，使其能够分享成果、减少重复研究造成的浪费。由于成立这个技术研究联盟的宗旨是提高美国国内半导体产业的能力，因此，最初联盟成员只限于美国国内的半导体企业，美国以外的企业，甚至这些企业在美国的子公司也不能加入，1988年，日本日立公司在美国的分公司申请加入就被拒绝了。但是，联盟对与国外企业进行合作经营的合资企业没有限制，后来联盟也允许国外半导体公司参加联合开发研究，比如韩国的现代、欧洲的飞利浦和西门子等企业均陆续参加了相关联合研究。美国通过联合研究来引导技术发展，也通过资本投入来助推技术发展，存储器芯片巨头韩国三星、光刻机霸主荷兰阿斯麦尔（ASML）成长背后，都有美国资本的介入。台积电1997年在美国上市时，外资控股超80%，其中多数亦是美国资本。此处我们心中一定会有个大大疑问，对本土半导体集成电路技术与产业领先一贯高度重视的美国，为什么会投资助推国外企业去进行技术和产业发展呢？答案或许可用两个词加以概括，这就是"利益"与"控制"，谁能和美国站在一起研究发展并使美国获利，美国就拉谁一起参加产业游戏，如果在游戏中谁让美国感到威胁，美国就立马对谁开展从政治、技术到市场的立体全方位围追堵截。历史事实多次证明，美国作为世界半导体集成电路强国，为了保持它的霸主地位，绝对不会容忍任何其他国家挑战它在半导体集成电路领域的权威。20世纪80年代，面对日本半导体集成电路产业的崛起，美国毫不手软地采用制裁企业、限制出口、征收高税等贸易制裁手段多维打压日本这个当时世界第二大经济体，逼迫日本签订《日美半导体保证协定》等一系列不对等约束条文，日本以举国体制推动的"强芯梦"就此破灭。

　　30多年后，中国以2014年发布的《国家集成电路产业发展推进纲要》为引领，以"国家集成电路产业投资基金"（大基金）为支撑的一系列举措，全面推进现代信息技术与产业基石的半导体集成电路发展，加快核心技术追赶步伐，又一次触动了美国敏感的神经。2017年1月，执政8年的奥巴马卸任第44任美国总统，共和党人特朗普就任新总统前不久，当时的总统科技顾问委员会发布了一份《确保美国在半导体领域的长期领导地位》的报告

（图 3.16），正文首页赫然写着："中国正通过产业政策及超过 1000 亿美元的资金支持，按照对自身有利的意图协力重塑半导体市场，这威胁到美国半导体产业的竞争力及全球利益相关方。"

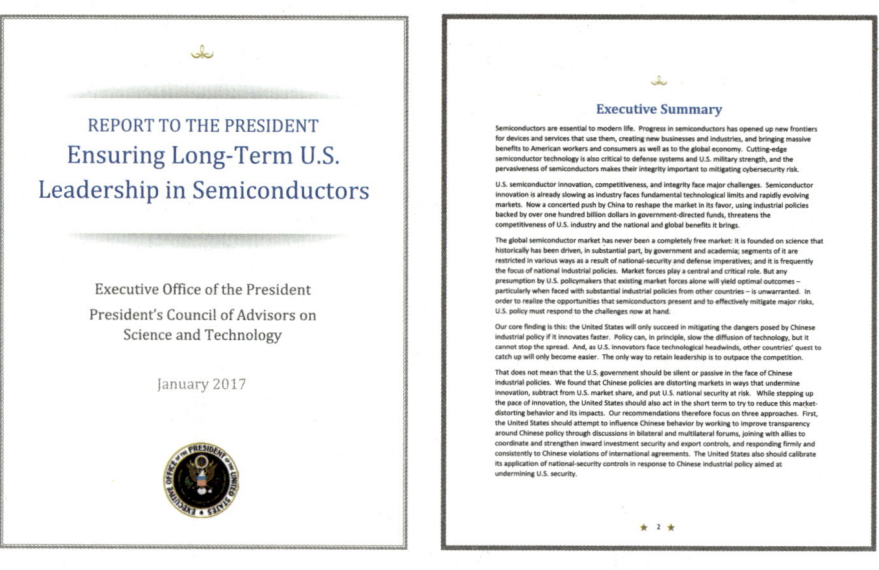

图 3.16　美国总统科技顾问委员会发布的《确保美国在半导体领域的长期领导地位》的报告

这份报告主导者是时任美国总统科技助理兼白宫科技政策办公室主任的约翰·霍尔德伦（John Holdren），起草成员均是在美国半导体集成电路产业界举足轻重的资深人士。报告中提出三个主要策略：一是抑制中国半导体产业的创新政策；二是改善美国半导体集成电路企业的商业环境；三是催化未来十年革命性的半导体集成电路创新。报告花很大篇幅列举了中国推动自身半导体集成电路技术创新和转移可能给美国带来的种种威胁，称中国借政策扶持和巨资补贴赶上世界先进产业的步伐、降低对国外企业的依赖、将会减弱美国企业创新能力、侵蚀美国企业市场份额，同时学习到美国的先进技术……2020 年 7 月，美国美中经济和安全审查委员会（USCC）在报告中再次强调，自 2000 年以来，美国公司在中国的业务从单纯制造业已迅速转向研发等高价值的活动，威胁到美国的工业竞争力和长期以来的科技领先地位。美国不仅发布所谓调查报告，更在实际行动中动作不断，一方面，美国国防高级研究计划局（DARPA）从 2017 年 6 月开始启动电子复兴计划（ERI），拟在未来 5 年投入超过 20 亿美元，联合国防工业基地、学术界、国家实验室和其他创新平台，开启新一代电子信息革命，旨在把控下一个十年乃至百年的顶尖技术领先性；另一方面，美国故伎重演，再次动用禁运和加征关税等非市场手段，从 2018 年起，针对中兴通讯、华为技术、福建晋华等一批中国企业启动一系列贸易限制措施，打压中国在通信、集成电路等高科技产业领域的发展崛起。中国近年来在半导体集成电路产业发展的大投入与全面迅速崛起，使得世界半导体集成电路强国的美国深感其霸主地位受到威胁，他调动一切手段，以威胁美国国家安全、涉军应用等为由，约束中国的发展节奏，保持其霸主地位（图 3.17）。其实，反观历史我们可以看到在美国半导体发展之初，无不有美国军方的身影，美国军方不仅以合作研究项目形式直接支持贝尔实验室、斯坦福大学等半导体研究机构和大学，更是在半导体公司做出产品原型后，直接给予采购订单，为其解决资金和奠定后续进一步发展基础。

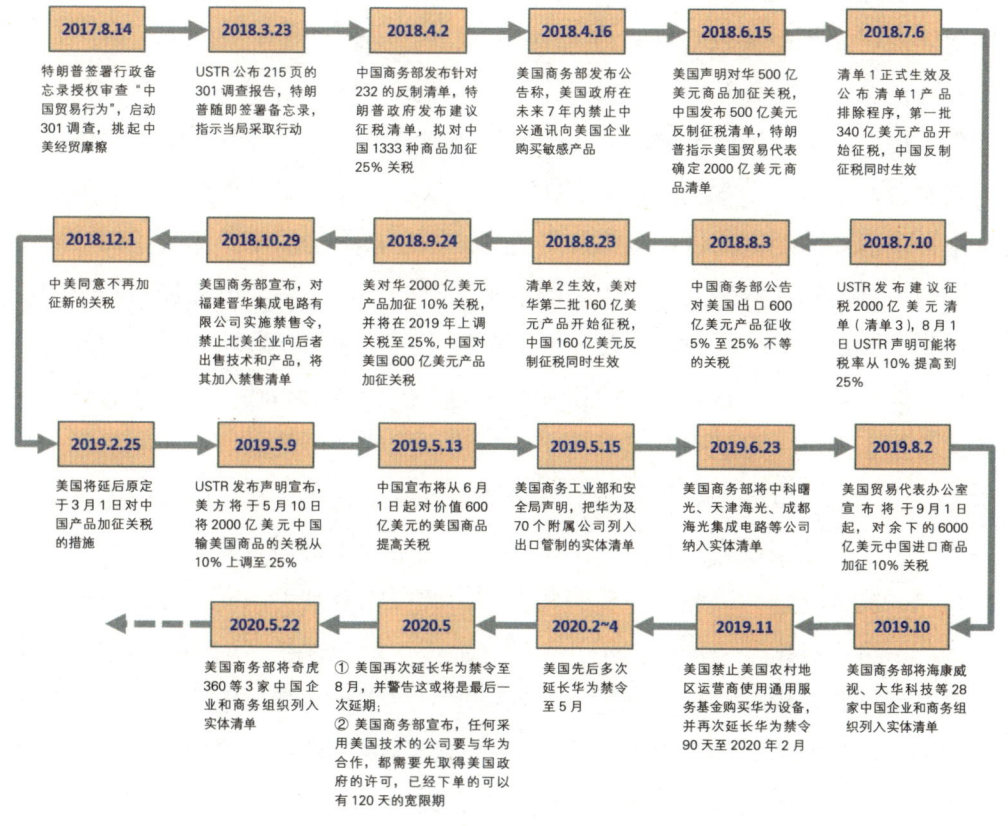

图 3.17　美国对中国实施的一系列科技霸权打压

就连前面介绍过的美国半导体制造技术研究联盟,尽管是由美国产业界发起成立,但被美国国防部高级研究项目局纳入支持范围,美国国防部高级研究项目局代表美国政府成为美国半导体制造技术研究联盟的管理机构,并为其设置了每年1亿美元的专项资助经费。

从中国近年在半导体集成电路技术与产业领域的快速发展和由此引起美国的"过度关注"中,我们可以充分悟出一个道理,任何的技术转移与授权都是有条件约束的,在坚持开放合作前提下,掌握核心技术,不断提升自身核心竞争力是必需的,是战略性需要。

除了上述来自他国的所谓"威胁"外,另一个使美国要逆全球化趋向重塑美国全球半导体供应链的原因是要使美国能够完全控制半导体集成电路设计、制造、封装、测试全产业化过程。20世纪80年代后期,基于美国当时的经济结构发展策略,美国国内产业结构经历了一场大规模去工业化调整,整个半导体集成电路产业也随之出现了一次结构性分工,设计和制造分离,一改以往半导体公司全部是集成器件制造(IDM)模式,出现一种全新的"无工厂"模式,这种模式的优点是可以大幅平摊半导体集成电路制造成本。这样的行业结构分工结果,再加美国半导体公司内部的激烈竞争,综合导致美国半导体集成电路制造产业由美国本土向东南亚转移。在这次半导体集成电路产业大裂变过程中,中国台湾地区的台积电抓住了机遇,抓住众多美国半导体公司都倾向于采用与自身不存在竞争关系的工艺制造平台进行半导体集成电路加工制造的意愿得到了大量订单,同时用更加庞大的产能来压缩成本,这使台积电的制造平台在全球市场具有非常好的性价比和竞争力,成为全球晶圆代工行业的典型代表,占据了超过一半的全球半导体集成电路晶圆代工市场份额,在制造工艺技术上,也超越了世界半导体制造引导企业英特尔。同时,在中国台湾地区也催生了专事半导体集成电路封装、测试的日月光半导体公司,使其也借着台积电的东风,成为全球封装测试行业引领者。由此可以看到美国在半导体集成电路设计与制造占有率等方面虽然仍处于领先地位,但越来越多的半导体集成电路产品被移往其他国家和地区制造。为确保下一代半导体集成电路加工制造在美国国内生产,并给美国国内创造更多就业机会,减少对他国半导体集成电路供应链依赖,美国国会共和、民主两党,地方政府,美国半导体行业协会(SIA)及芯片企业正达成同一目标,大力助推美国半导体制造业回归,为此美国政府

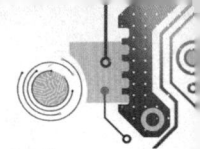

积极鼓动台积电、三星等世界主要半导体集成电路制造公司组成联盟,并在美国本土建厂。与此同时,美国国会共和、民主两党议员联合提出《为半导体生产创造有益的激励措施法案》(CHIPS)和《2020美国晶圆代工法案》(AFA)这两项法案,美国为保持其世界半导体集成电路霸主地位,以其技术和产业综合优势,时时为其他国家无端设定"规则",一手打压限制他国进步,一手打造"美国优先"。身处这种复杂国际环境,我们更加要以坚定的信念,不为所动的定力,行之有效的策略和合乎规律的措施,坚定不移做好我们自己的事,也要成为长袖善舞者。

第四章 超力军团
——欧洲集成电路产业发展历程

欧洲是世界工业革命的发源地，现代工业的萌芽发轫于此。工业革命让人们告别全手工作业的时代步入机械化运作的机器作业时代，生产的产品也从简单粗制变为复杂精细，整个产业进入可以进行批量生产形成产品的历史阶段。这些特有的因素使得欧洲诸国比地球上其他地域国家更早领略到机器生产带来的商品多样化、效率快速化、数量规模化的好处，也由此在欧洲能最早形成现代工业的格局。世界发展史上最先发达的都是当时具备强大航海能力的如英国、荷兰等欧洲国家，同样，世界上第一辆机械结构的汽车也是诞生在欧洲的德国，这都与欧洲国家得益于工业革命的机器进化形成的工业基础分不开。欧洲的集成电路产业也带有机器工业革命般的鲜明特色，它的集成电路技术与产业推进都是围绕其要实现的汽车、通信设施、制造装备等展开的。因此，欧洲集成电路产业犹如一位欧洲绅士，个性鲜明而又讲究传承。

军团方阵形成

前面我们体验了美国作为世界半导体的发祥地和创新策源地轰轰烈烈的技术与产业变革历程，现在让我们穿过美洲大陆前往工业革命起源之处欧洲大陆，一探欧洲半导体集成电路技术与产业发展历程。

18世纪60年代从英国发起的工业革命，是世界技术发展史上的一次巨大变革，它开创了以工厂生产代替手工工场，用机器代替了手工劳动的时代。这不仅是一次技术改革，更是一场深刻的社会变革，它推动人类社会从以劳力自耕为标志的农耕文明向以蒸汽机动力为标志的工业文明转型，使人类社会进入机器代替手工劳动的时代。工业革命使依附于落后生产方式的自耕农阶级消失了，代之而起的工业资产阶级和工业无产阶级不断壮大起来。因此，工业革命不仅是一次单纯的技术改革，更是一场涉及政治、思想、经济等诸多领域的深刻社会变革。身处工业革命中心的欧洲首当其冲要适应这一系列的变革，这也给欧洲各国在发展新科技、推动新产业等方面提供了动力源泉。半导体技术在促进科技发展，推进产业进步过程中扮演着不可或缺的主导角色，欧洲历来相当重视半导体集成电路技术与产业发展。尤其在二战结束后，新的国际政治、经济格局和新一轮科技竞赛，使得半导体集成电路技术与产业在欧洲各国都得到高度重视，尤其以英国、法国、德国、荷兰、意大利最为突出。当时欧洲大陆最初的半导体集成电路公司几乎都是依托本国的大型工业企业发展起来的，这也决定了欧洲各半导体集成电路企业的产品开发基本上也只是本国大企业工业产品的附属品。

20世纪80年代，欧洲的主要集成电路企业在各国政府的支持下，积极推动相互之间的合作与发展，施行了一系列具有重大影响的发展计划，其中具有代表意义的有《欧洲信息技术研究发展战略计划》（ESPRIT）。该计划是欧共体为了集中成员国的财力、物力、人力，迎头赶上美国、日本，改变美、日在信息领域的霸主地位而制定的一项有关技术研究与发展战略计划，该计划为期十年，选择先进的微电子、软件、信息处理、办公自动化和计算机综合制造5个信息技术方向为主攻点。整个计划分两期进行，第一期原定自1984年1月开始，执行期5年，总投资15亿欧元。计划执行中有240家工业公司和约3000名科学家参加了这一计划的研究工作。1986年4月，欧共体委员会对该计划执行情况时进行了中期总结，结果显示进展比预计的快，大多数项目已达到预定目标，于是决定自1987年12月起启动第二期计划，为期5年。主要聚焦微电子学与外设技术、信息处理系统、应用信息技术。再一个是《欧洲先进通信技术研究开发计划》（RACE），该计划是当时欧洲国家科技合作的优先合作推动规划，其最终目标是到1995年在欧共体12个成员国范围内建立起同时传送录音、录像信息和其他各种资料

的全欧一体化系统,该计划主要支持的方向为光通讯和高清电视领域相关集成电路的设计开发,这个计划的实施极大地促进了欧洲集成电路产业在光通讯和电视机集成电路方面的技术进步。第三个是《欧洲联合亚微米硅计划》(JESSI),是欧洲尤里卡(EURECA)高技术计划369个项目中最重要也是花钱最多的一个,该计划开展的目的在于用最先进的半导体制造与应用技术提升欧洲电子工业能力,以求在部分领域能与日本抗衡。计划项目总投入30亿欧元,由14家公司和研究机构发起,最终吸引了来自16个国家,190个机构,超过3000名科学家和工程师共同参与,项目的研究方向主要是支持集成电路技术的研发。在上述这些计划的基础上,《欧洲应用微电子发展计划》被进一步推出,更加促进和帮助欧洲的半导体集成电路企业在汽车电子、多媒体、通信等多个领域占据了技术开发与产品研制的先导地位,这些领域也是目前欧洲半导体集成电路企业主要竞争优势所在。

　　欧洲半导体集成电路发展过程中,虽有政府的帮助和资金的支持,但受市场变动和竞争对手的影响,其发展也不是一帆风顺的,其间经历了大量的整合、兼并和重组,甚至于破产,这些变化从另一个角度也在一定程度上形成了欧洲集成电路产业的特色。随着技术、产业和市场的不断竞争,欧洲的半导体集成电路公司逐渐从各个大企业的一个依附体逐渐独立,单独发展,在发展中又通过一系列的淘汰、重组,最终形成了今天的产业格局。为了能更直观了解欧洲半导体集成电路产业的演变历程,让我们穿越一下时空隧道,去切身领略一下大开大合的欧洲半导体集成电路产业的历史大舞台风采。

　　在欧洲公司一系列的合并重组演绎中,我们先来看一出非常有意思的小剧。1978年创立于欧洲科学重镇英国剑桥的艾康电脑公司(Acorn Computers)从20世纪80年代开始和美国苹果电脑公司(Apple Computer Inc.)一起合作开发新版本的中央处理器。1985年,他们研发出一种精简指令集的新型结构处理器,名为ARM(Advanced RISC Machine),这是今天在业界如雷贯耳的ARM微处理器的鼻祖。因为艾康电脑财务出现了问题,1990年11月,获得苹果公司和VLSI Technology公司的投资,ARM微处理开发部门从艾康电脑独立出来,成为一家专业从事复用型微处理器核等知识产权(IP)产品的供应商,公司名字是Advanced RISC Machines,简称ARM,VLSI Technology公司也成为其第一个授权使用方。ARM公司最初只有12人，仅有一间仓库充作办公室，但这并不影响ARM日后成为全世界半导体集成电路设计公司都想迎娶的"大家闺秀"。ARM公司从成立之初就不断勇攀技术高峰，1990年独立制定出全新的微处理器标准章程。今天，ARM公司，也就是我们熟知的中文称为安谋国际科技的高科技公司，以设计ARM处理器架构闻名于世，是市场占有率占绝对优势的复用型微处理器世界最大供应商，2016年7月18日，日本软银集团以234亿英镑（约合310亿美元）的价格收购了ARM公司。ARM公司是欧洲半导体集成电路产业合并重组并获新生最成功的经典案例。除此之外，欧洲半导体集成电路发展史上还发生过众多分分合合拆分、联合的故事。1978年，由维尔纳·冯·西门子（Werner von Siemens）创立于1847年的德国西门子股份公司（SIEMENS）入主成立于1906年的光电半导体产品制造商欧司朗（OSRAM），成为其唯一股东。1989年，西门子又和日本松下（National/Panasonic）联合成立西门子松下；1987年意大利SGS微电子公司和法国汤姆逊（Thomson）公司的半导体部门合并成立SGS-Thomson微电子公司（SGS-Thomson Microelectronics），1998年5月，又更名为意法半导体（STMicroelectronics）；1998年AVX/Kyocera收购汤姆逊无源元器件部门；1999年西门子公司将其半导体部门剥离，在德国慕尼黑正式成立独立的名为Infineon的半导体公司，起初的中文名为亿恒科技，2000年上市后，中文名更名为英飞凌科技公司，英文名仍为Infineon；1999年10月，西门子松下更名为爱普科斯（EPCOS）；2006年5月，英飞凌又分拆出新的专事于存储器产品开发的公司奇梦达（QimondaAG）；2006年10月，飞利浦（Philips）的半导体部门从母公司剥离出来独立运行，更名为恩智浦（NXP）半导体，2007年2月，恩智浦收购Silicon Labs Aero产品线；2007年8月，英飞凌出资3.3亿欧元外加与业绩挂钩的3700万欧元收购LSI Corporation集团的移动产品业务，2008年5月，恩智浦又收购了美国通信半导体公司科胜讯（Conexant Systems）机顶盒业务；2009年意法半导体无线半导体业务和爱立信（Ericsson）手机平台部门整合成立ST-Ericsson；2015年，恩智浦收购了由美国摩托罗拉（Motorola）的半导体业务分拆出来，成立于2004年的专注于嵌入式处理解决方案的飞思卡尔半导体（Freescale Semiconductor）公司，一举成为全球前十大非存储类半导体公司，以及全球最大的汽车电子供应商。怎么样，欧洲的半导体集成电路大舞台够精彩吧。

欧洲是全球集成电路产业高度发达地区之一，长期以来，英飞凌、意法半导体和恩智浦等是欧洲最主要的半导体企业，虽然其间经历过多轮产业整合和重组，但这几家骨干企业在全球集成电路技术与产业中仍扮演着重要角色。近些年来，由于欧洲信息产业在全球市场中的萎缩，这种状态也影响到欧洲半导体集成电路产业发展。即便如此，凭借其雄厚的工业基础和技术与资本积累的底蕴，欧洲半导体集成电路产业仍然在汽车、通信等多个领域占据着领先的地位，欧洲在半导体集成电路技术与产业领域除了上述这些老牌企业，还有一些极具特色的研究机构和企业，如专注于新材料的开发和材料改进，以及工业规模的材料制造技术开发、材料特性的表征以及在组件和系统中应用评估的弗劳恩霍夫材料和组件集团（Fraunhofer Group）、专注于半导体集成电路工艺技术研究与开发的比利时微电子研究中心（IMEC），以及全球目前最先进的极紫外光（EUV）光刻设备制造供应商阿斯麦尔（ASML）等。

近年来，随着英国退出欧盟，欧洲半导体集成电路技术与产业的合并重组仍将继续上演，欧洲国家的经济基础普遍较强，但单独经济体量有限，因此欧洲国家利用地缘优势势必会强强联合，组成更强"军团"。

联合——万变不离其宗

欧洲当地时间 2020 年 12 月 7 日，欧盟委员会（European Commission）通过视频召开了欧盟 17 个国家电信部长（大臣）的会议。会后，17 国联合发表了《欧洲处理器和半导体科技计划联合声明》(Declaration: A European Initiative on Processors and semiconductor technologies)，签署国家（按照首字母排序）为比利时、德国、爱沙尼亚、希腊、西班牙、法国、克罗地亚、意大利、马耳他、荷兰、葡萄牙、斯洛文尼亚、芬兰、罗马尼亚、奥地利、斯洛伐克和塞浦路斯（图 4.1）。

这份联合声明除去基本上已经脱欧的英国，欧盟成员国中虽然还有保加利亚、捷克、匈牙利、爱尔兰、拉脱维亚、立陶宛、卢森堡、波兰和瑞典 9 个成员国没有签署，但从欧洲半导体集成电路产业占比和引领性而言，声明的签署者有德国、法国、荷兰、意大利四强，这 4 个国家即便不能完全等同

图 4.1 《欧洲处理器和半导体科技计划联合声明》
在未来两到三年的时间里将投资 1450 亿欧元

于欧洲半导体集成电路产业的全部，也至少能代表 90%。我们可以看到牵头起草声明的是欧盟委员会，即欧盟事实上的"内阁"执行机构，而具体负责联合计划实施运作的则是欧盟委员会领导下的"A3 组"（Unit 3），即"电子工业竞争力团队"（Competitive Electronics Industry）。值得一提的是，在"下一代欧洲"倡议计划中，设定 A1 组（Unit 1）负责"机器人与人工智能"领域，A2 组（Unit 2）负责"数字工业技术与系统"领域。在这份联合声明中设定了一项共同目标，即提高欧洲在半导体产业的影响力。《联合声明》中特别强调了新的地缘政治、行业和技术现实正在重新定义竞争环境，并在全球商业背景下，主要市场地区都在加强本土半导体生态系统，以避免对进口的过度依赖。《联合声明》也特别指出，实现上述目标，需要从欧盟预算、国家预算和私人资本中获得大量投资，其中 20% 的欧洲恢复和复原力基金（Recovery and Resilience Facility）中的 20% 资金将被用于数字化转型，这意味着，在未来两到三年的时间里，将有高达 1450 亿欧元的投资用于半导体集成电路研究与产业发展。声明还指出，在 5G 和未来的 6G 竞争中，半导体产业将变得前所未有的重要，这也突现了欧洲与美国先进半导体集成电路技术与产业之间的差距。另外，在《联合声明》中还特别提到，将着重提高研发下一代半导体集成电路芯片和半导体技术的能力，包括为一系列行业提供最佳性能的半导体集成电路芯片和嵌入式系统，尖端工艺制程逐步向 2 nm 技术节点迈进，并协调 17 国的研究资源，一致以有望实现高增长的特定领域为目标，提升制造可应用于高速连接、自动化汽车、航空航天和国防、健康以及农业食品、人工智能、数据中心、集成光子、超级计算和量子计算等领域的下一代低功耗半导体集成电路芯片的能力。

欧盟向欧洲各国在半导体集成电路产业吹响"结集号"并不是一件令人感到意外的事，联合一直是欧洲各国实现发展的主旋律。欧洲骑士军团横扫欧洲大陆的联合策略和精神渊源深深注入于欧洲政治、经济的方方面面，自1951年签订建立欧洲煤钢共同体条约的那一刻起，欧洲就迈开了走向联合纵深的第一步。联合一路行来，从携同创立空中客车公司，以欧洲人的浪漫畅想制造出在天空中飞翔的"大巴"，到联手创建一朵欧洲"希望之云"的"GAIA-X"云计算平台，再到此次联合发表声明建立半导体投资联盟，欧洲不断用"骑士风格"的行动表明"联合"发展的决心。欧洲在高精尖技术领域的"联合"似乎早有预兆，为抓住大规模计算、大数据以及5G等数字经济时代的发展机遇，欧洲曾联合各成员国大力启动了EPI处理器项目，这一项目的实施旨在进一步通过捍卫半导体集成电路领域的自主权来保障其数字主权。欧盟工业负责人蒂埃里·布列塔（Thierry Breton）在一次谈话中说了一段意味深长的话，"驱动联网汽车、智能手机和高性能计算机等各类产品的半导体，是大多数关键和战略价值链的起点。如果欧洲在微电子领域没有自主权，就不会有数字主权，因此对欧洲来说，半导体技术的不断发展显得尤为重要。"全球贸易的不确定性势头有上升趋势，欧洲希望将数字主权进一步掌握在自己手里。

当下的欧洲在全球半导体市场占比仅约为10%，在全球处理器和其他半导体集成电路产品产量中的占比也并不占优，而要想和科技强国、科技大国竞争，欧盟追求的目标是至少占全球半导体集成电路芯片和微处理器市场价值的五分之一。眼下，欧洲越来越依赖世界其他国家和地区生产的半导体集成电路芯片，尤其是用于电子通信、数据处理和计算任务的半导体集成电路芯片产品。而先进处理器芯片在欧洲产业战略和数字主权中正发挥着越来越重要的作用，因此，欧盟采取成员国联合的方式有助于取长补短，优势互补，进而使欧洲半导体集成电路产业能更好利用现有优势，把握发展新机遇。欧洲一体化在半导体集成电路技术与产业的发展中起到了一定的促进作用，欧洲采取的"联合"策略在整合优势资源以提升自身能力方面是很值得研究和借鉴的。

创新之源——IMEC

如果我们来到比利时王国,一定要去首都布鲁塞尔以东大约 25 km 的法兰德斯 - 布拉班特省省会鲁汶(Leuven)。这个古老的小城不仅因为有世界第一大啤酒公司百威英博啤酒总部在这里而闻名遐迩,更重要的是创立于 1425 年的世界上最古老的天主教大学、欧洲最负盛名的研究型综合大学之一,也是比利时最高学府、位列欧洲十大名校的天主教鲁汶大学(Catholic University of Leuven)也在这座古老小城里,鲁汶是一座名副其实的大学城,这座古老的小城终年充满着朝气蓬勃的气氛,来自世界各地的学生、学者到这里来学习、研究,他们穿梭在古老的建筑间,城中满是热情洋溢的身影。这座小城长住居民约 9 万人,但是常年的学生和访问学者人数达 2.2 万多人,使这座城市生机勃勃、魅力无穷。但对于半导体人来说,这里更是技术的"朝圣之地",因为在鲁汶的市中心,这个面积仅相当于北京天安门广场和故宫面积之和的不足 9 km² 的地方却拥有世界顶级的微电子研究中心——比利时弗拉芒校际微电子研究中心(Interuniversity Microelectronics Center),也就是今天大名鼎鼎的比利时微电子研究中心——IMEC。

1984 年,几位曾留学美国斯坦福大学的比利时大学教授觉得大学科研和产业有脱节的趋势,不适合推动半导体集成电路产业发展,于是他们借鉴当年斯坦福大学工业园推动产业发展经验,联名向比利时弗拉芒大区政府提议建立一个微电子研究中心,旨在推动半导体集成电路产业发展,结果政府采纳了他们的意见,一次性投入相当于 6200 万欧元的比利时法郎,建立了 IMEC 这一非营利研究机构,首批人员以大学教授为主,来自鲁汶大学等四五所大学,故最初取名为"大学校际微电子研究中心"。不过,争议也随之而起,由于政府把经费大部分都投给了 IMEC 而减少了给其他大学的科研经费,多所大学提出强烈抗议,面对两难局面,弗拉芒大区政府经过讨论做出一个非常明智的决定,即要求 IMEC 将 6200 万欧元中的一部分经费,以项目合作形式拨给相关大学作为合作研究经费,这么做不仅平息了大学的不平和愤怒,更让弗拉芒大区政府没有料到的是当初这一权宜之计却缔造了一种行之有效的产、学、研合作模式,亦即应用需求、应用研究与基础研究紧密结合的模式，这不仅大大促使大学研究更贴近产业需求，也使得 IMEC 最终发展成为世界前沿半导体集成电路技术研究的桥头堡和半导体人向往的"圣地"（图 4.2）。

图 4.2　位于比利时鲁汶市的 IMEC

无论从国土面积，还是综合实力而言，比利时与欧盟成员国中的德国、法国、意大利等诸国相比都是一个小国，半导体集成电路产业基础一度很薄弱，那它又怎么会培育出具有全球影响力的微电子研究中心 IMEC 的呢？IMEC 究竟给了我们什么样的启发和思考？

首先，IMEC 创立的初衷就是要做产业需要的前瞻性和共性技术研究。因此，IMEC 始终秉持着开放合作，尤其与产业界一流企业合作的宗旨，由于比利时的"小"，促使 IMEC 不得不从成立之初就必须走国际合作之路，只有这样才有更多合作机会，而这恰恰成了 IMEC 最终成功的重要因素。IMEC 寻找到的第一个合作伙伴，就是大名鼎鼎的英特尔。20 世纪 90 年代初，IMEC 集中所有力量，研发出一项具有国际一流水平的半导体工艺技术，并向英特尔伸出了橄榄枝，以极其优惠的条件授权给英特尔使用，合作结果非常令人满意。初次合作成功，让英特尔认可了这家初登舞台的欧洲半导体研发机构的能力，随之美国其他半导体企业闻讯也纷纷而来，与 IMEC 建立项目合作关系。花开墙头引众蝶，欧洲企业也纷纷闻风而来。就这样，IMEC 的合作效应如滚雪球，项目合作越来越多，在与世界一流半导体企业合作中 IMEC 自身的内功也越练越强，当然声名也越来越响，形成了全球影响力。所以 IMEC 给我们的第一个启示就是，要以开放的胸怀充分开展合作，和世界一流高手过招,你也能练成业界高手,进而引领世界潮流,成为业界领袖(图 4.3)。

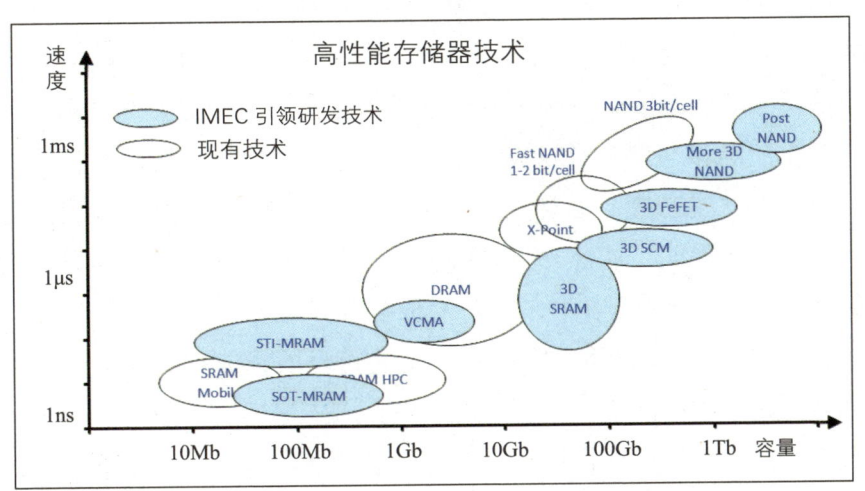

图 4.3　IMEC 在高性能存储器领域研究的引领性成果

其次,IMEC 采用独特的运行机制,非常有特色。这一点可与美国的半导体制造技术研究联盟(SEMATECH)做一比较。我们前面介绍过 1987 年,在美国政府资助鼓励下,当时 14 家在半导体集成电路产业中居领先地位的美国企业组建了 SEMATECH,其定位与 IMEC 类似,即研发产业界的共性技术。SEMATECH 采取会员制,各个不同方向的研发会有一个会员企业主导,其他会员企业参与,由于这些企业彼此存在竞争关系,合作并不一定顺利。对于其中的主导企业,其他参与企业并不一定都认可,围绕一种技术方案的选择,常常要争论数月。结果,SEMATECH 不得不改变原有定位,转而开展验证设备、统一标准等工作。与之不同,IMEC 根据实际状况设计出一种产业多边项目合作模式,即 IMEC 产业联盟项目(IMEC Industrial Affiliation Program,IIAP),IIAP 在共享研发费用、科研人员、知识产权,以及共担风险的基础上,开展领先市场需求 3~8 年的项目研究,攻克某项技术在产业应用之前的技术瓶颈,这类项目通常由几十家相关联的企业参与,合作开发共性技术,项目组采用"先发散,后集中"机制,在这种运作模式中 IMEC 拥有决策权,同时其也会充分听取各合作企业的意见,这些企业都向 IMEC 支付了可观的入会费和年费,因此会说出真实想法,掌握各方真实信息的

IMEC常常能做出事后被证明正确的决策,而且效率很高,开一天会就能做出一个决定。当然决策失误的情况也会发生,但一旦出现错误征兆,就有企业会及时向IMEC提出,避免其再做出错误的决定。从1999年至今,IMEC产业联盟项目发展迅速,集聚了设备、材料、软件供应商,以及芯片设计、制造和系统等产业链上中下游企业,形成具有自主扩张能力的生态系统。因为有众多企业的参与和资金支持,IMEC有实力重金购买全球顶尖的研发设备,形成良性发展态势,也避免企业纷争。所以在这里IMEC给我们的第二个启示是:建立平等、融合、利益均沾的合作平台,以共同参与研究共性技术为目标的合作体制是合作有效运行的根本所在。

第三,IMEC在项目研究实施过程中的管理措施非常务实,项目经费的使用目标把握非常精准,统筹规划将经费投入先进的、产业需求明确的共性技术研究中,而不是单纯投给某个企业开展个体研究,因为企业虽然是技术创新的主体,但企业逐利性强,势必会跟其他企业存在利益冲突,如果直接把大量资金投入给某个企业的项目,所产生的溢出效应是比较有限的,而如果把研究经费投入到以市场和产业需求为导向的先进共性技术研发中,就会对整个产业起到有力的推进和支撑作用。在科研经费实际使用上,一切以实际需求和当前客观状况为支出使用依据,绝不会以某种制度阻碍合理使用,这大大提高了有效性和效率。在IMEC,设备购买从不需要政府审批,每5年接受一次政府的业绩考核,考核指标主要有3个,即研发出的技术是否达到国际先进水平,与产业界合作的规模大小,以及对当地产业的带动作用有多大。因此,IMEC给我们的第三个启示是:规定是需要的,但一切规定是为运行有效性和规范性服务的,要有效把握制度的"刚性"与"韧性",最终都要以推动先进共性技术研究为终极目标。

第四,IMEC建立起一套行之有效的投入产出和成果转化机制。在实际运行中,当获得的技术或知识产权与新的产业联盟项目无关时,或者技术已能够成熟运用于市场时,IMEC在严谨客观评估基础上,以一次性技术买断的方式转移给有需求的公司,而对于没有合适外部公司接受,但又具有实际价值的成熟技术成果,IMEC在通过充分可行性论证的基础上以成立孵化公司的形式将成果进行转化,同时获取孵化公司5%~15%的股权,并给予新公司人才、技术和种子资金的支持,培育其做大做强。IMEC采用这种孵化式成果转化方式孕育了很多有产业发展前景的"隐形企业"。IMEC 的成果转化机制给了我们第四个启示，就是技术公共开发与服务平台，不仅要做好技术研究与开发，更要建立多元成果转化渠道，使得研究成果真正体现其应用价值。

最后，我们还可以体会到 IMEC 独特的知识产权分享机制。任何技术合作研究与协同开发的前提是必须制定一套合法、合规和合情并具有可操作性的知识产权分享机制。IMEC 独特合理、精细化的知识产权管理设计，保障了协同创新过程中的知识产权得到合理分享。IMEC 都会与参与项目的各创新主体分别签订双边合作协议，明确各自的研发领域、知识产权归属和支付的费用等各相关权属问题，其中最关键的就是知识产权归属约定，以满足创新联合体内各方利益诉求。这种在法律和契约约束下的分享约定，使得联合组织内部无论实力强弱，各主体都可以在公平、共享的机制原则下，获取各自约定的、合理的利益，也防止了搭便车的行为。IMEC 在知识产权分享机制运作中的规范与合理性，也是给我们的第五个重要启示（图 4.4），即知识产权是创新协作成果的核心，处理不当不仅挫伤协作各方积极性，更会阻碍协作创新的推进与发展，知识产权分享机制在协作创新中事关重大，必须严谨对待。

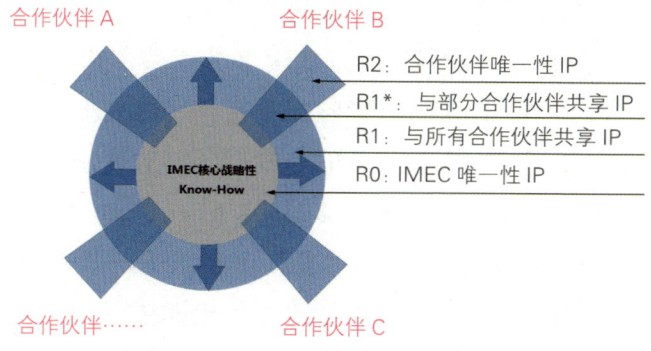

图 4.4　IMEC 核心合作模式

IMEC 创建近 40 年，建立起了与英特尔（Intel）、国际商业机器（IBM）、德州仪器（TI）、应用材料（AM）、泛林半导体（LAM）、阿斯麦（ASML）、超微半导体（AMD）、索尼（SONY）、台积电（TSMC）、西门子（SIEMENS）、三星（SAMSUNG）、爱立信（ERICSSON）和诺基亚（NOKIA）

等全球几乎所有顶尖半导体集成电路公司的紧密合作关系，拥有来自近 80 个国家的 4000 名研究人员。IMEC 从 2004 年起，就以前瞻性战略部署，分别和合作伙伴一起成功研发 45 nm 到 7 nm 的前沿半导体集成电路工艺相关技术，同时开发了一系列的具有引领作用的新器件和系统。当初 IMEC 成立时政府一次性投入后，每年仍向 IMEC 拨款 3000 万欧元左右，且逐年略有增加。创立初期，政府拨款占 IMEC 全年收入的 90% 以上，而如今，随着 IMEC 合作和业务发展的蒸蒸日上，政府拨款所占比例已降至 14% 左右，其余八成以上经费均来自产业界。近年来在 IMEC 等研发平台和产业合作伙伴的支持下，以阿斯麦（ASML）公司为代表的欧洲光刻机产业巨头崛起，并引领全球集成电路工艺技术不断创造"里程碑"式的奇迹，IMEC 无愧为世界半导体集成电路先进共性技术创新之源。

阿斯麦（ASML）的成长告诉我们什么

　　对于喜欢旅游的人来说，欧洲是必定要打卡的旅游胜地，因为欧洲诸国无论自然景色，还是人文历史都使人心向往之，而位于欧洲西北部，与德国、比利时接壤的荷兰更是打卡热门。提起荷兰，人们一定首先想到的是极富地域风格的大风车，以及如淑女般恬静又色彩多姿的郁金香，但很少有人会知道，在荷兰雨水充沛、人口不到 30 万的南部城市费尔德霍芬（Veldhoven），坐落着一家令全世界关注，时时挑动各国政要和产业人士神经的半导体集成电路设备公司，它就是如今大名鼎鼎的光刻设备制造商——先进半导体材料光刻公司（Advanced Semiconductor Material Lithography，ASML），但我们更愿意称它为阿斯麦（ASML）公司。它有多重要，用阿斯麦公司现任总裁彼得·温宁克（Peter Wennink）在接受《天下》杂志专访时说的一句话就是："如果我们交不出 EUV（极紫外光光刻设备，笔者注），摩尔定律就会从此停止。"因为按照摩尔定律，今天的半导体集成电路工艺已推进到 5 nm、3 nm、2 nm 制程，甚至向 1 nm 制程工艺进军，想要实现这些技术节点，就一定要用到荷兰阿斯麦的 EUV 光刻机。

　　方寸大小的半导体集成电路是信息产品的心脏，它有多强大，信息系统就有多厉害。要在这方寸间放置成千上万，甚至上百亿个元器件，就要求能实现比头发丝还要细得多的特征线条结构，要形成这种微细线条结构离不开一种被称为光刻机的精细光学曝光设备，目前能够生产光刻机的公司全世界不到十家，在先进工艺制程的光刻机领域，荷兰的阿斯麦占了半壁以上的江山，尤其在极紫外光（EUV）光刻设备的市场份额更是100%，称阿斯麦是世界光刻设备的业界老大一点不为过。但是今天的业界老大，可不是一出场就自带金钥匙、身披主角光环而来的，阿斯麦可是一路涉险抢滩，闯关夺隘，长途跋涉才成就了今天地位。

　　回望世界光刻系统的发展历程，往往使人不胜感慨，在20世纪60~70年代，光刻设备的最主要供应商是美国的GCA、铂金埃尔默（Perkin Elmer）、Kasper等，先进的光学成像技术也发轫于美国，1961年，美国GCA医疗技术公司制造出第一台一次成像的光刻系统。70年代初，光刻机技术关注的焦点是如何保证十几甚至更多层掩模版（MASK）能精准地套刻在一起，这其中，美国Kasper仪器公司首先推出接触式对准光刻系统并引领光刻设备领域发展数年。1973年，拿到美国军方投资的铂金埃尔默公司又推出了投影式光刻系统，搭配正性光刻胶可以达到非常令人满意的光刻效果，该系统一经推出迅速占领了市场。1978年，美国GCA公司推出具有真正实用价值的自动化步进式光刻机（Stepper），分辨率比投影式高5倍，光刻形成的特征线宽可达到1 μm。这个很奇特的名字源自照相术语Stepand Repeat，意为步进和重复，这种光刻曝光方法通俗点地说就是借助掩模版上一定区域的图形为一个步进曝光单元（Reticle），在晶圆片表面按规定步进距离重复进行曝光。由于刚开始Stepper生产效率相对不高，铂金埃尔默的投影式光刻系统在一段时间内仍处于主导地位，进入80年代，GCA的Stepper还稍微领先，但很快日本尼康（Nikon）公司发售了自己首台商用Stepper光刻机NSR-1010G，这套系统虽然仍然是步进式光刻机，但拥有更先进的光学系统和更好的效率。GCA和尼康两家公司一起挤压了其他厂商的份额，尤其是铂金埃尔默的投影式光刻系统的市场份额。铂金埃尔默的市场份额从1980年超过30%快速跌到1984年的不到5%。GCA的自动化步进式光刻机与尼康相比还有一个硬伤，就是GCA生产的光刻系统的镜片组来自德国蔡司公司，不像尼康自己拥有镜头技术，多了合作环节就使得GCA在产品更新方面一直落后半拍。1982年，日本发动了半导体界的"珍珠港事件"，尼康在美国硅谷正式设立了尼康精机

公司,与当年日本偷袭珍珠港不同的是,当年日本进攻珍珠港靠的全是日本的航母舰队和轰炸机群,而此次尼康在美国登陆却有商用机器、英特尔和超微半导体这些美国公司资本的加持,登陆美国本土后的尼康精机公司开始从GCA手里夺下包括国际商用机器、英特尔、德州仪器、超威半导体在内的一个接一个大客户,随后的岁月中尼康逐渐取代GCA,成为80年代光刻设备产业的翘楚。

在美、日公司受到业界大力追捧,而他们之间你中有我,我中有你,上演一波又一波半导体集成电路光刻技术"武林论剑"的时候,在半导体集成电路产业老牌发祥地欧洲大陆,欧洲绅士也在以他们特有的优雅身段用手杖轻轻点拨着半导体光刻这池春水。1984年,荷兰飞利浦公司抱着观望的态度和一家小的半导体公司ASM International联合成立了阿斯麦(ASML),打算在光刻技术领域分一杯羹。其实此时的飞利浦实验室也在开展光刻步进技术的研究,早些年飞利浦实验室也想和美国铂金埃尔默、GCA、IBM等合作,但这些大佬都不理它。而此时,荷兰一家名为ASM International的小公司主动要求合作,飞利浦公司总部犹豫了一年,最后勉强同意以股权对半投入方式成立合资公司,这家公司就是日后雄霸半导体集成电路产业光刻领域的阿斯麦。不过,刚刚成立的阿斯麦并没有得到飞利浦的重视,成立之初的31名员工挤在飞利浦办公楼旁边简陋的集装箱工棚里工作。多年以后,阿斯麦的CEO彼得·温尼克(Peter Wennink)回忆公司初创时的境况,还忍不住说"穷困"。一句话:既没钱,又受对手压制。然而就是这样的一个简陋的公司,日后创造了现代半导体集成电路业界的神话。

阿斯麦刚刚成立的时候,作为世界光刻系统领头羊的日本尼康公司发展势头如日中天,根本没把阿斯麦放在眼里。随着半导体集成电路技术的不断发展,时间的脚步踏入了20世纪90年代,这时光刻技术的发展碰到了世界难题,以前光刻曝光系统采用的技术都是以空气为介质的干式光刻技术,但是到了20世纪90年代干式光刻技术进一步发展出现了瓶颈,因为随着工艺制程特征线条尺寸更加细小化,要求光刻曝光源的波长要从193 nm缩到更小,而当时采用常规技术无法把光刻曝光源波长从193 nm缩小到需要的157 nm,这将影响半导体集成电路特征尺寸进一步缩小的实现。面对如何突破193 nm波长的难题,学术界和产业界都在寻求超越它的方案。当时美国的硅谷集团（SVG）公司、日本的尼康都基于前一代传统的干式光刻法，选择了表面看来更稳妥的157 nm 波长的 F2 激光曝光光源方案予以应对，不过效果并不理想，此外还有研究提出更小众的电子投影光刻、离子光刻等方案，不过当时这些尝试都失败了。面对如此挑战和困难，就连呼风唤雨的业界老大尼康也没辙了，眼看光刻技术的极限点似乎已在眼前，摩尔定律行将失效，整个半导体集成电路行业都一筹莫展。而恰恰在此时，东方的天际赫然露出了黎明的曙光，中国台湾地区台积电公司的研发副总林本坚打破常规思维方式，换了个思路想出一个绝顶聪明的办法，即将光刻曝光光源到晶圆之间的介质，从原来的空气换成了折射率更大的水，于是在不改换光刻曝光光源的情况下，可将曝光光源波长从193 nm 缩小到132 nm，比之前的目标157 nm 还小了25 nm。但是林本坚这么好的想法却被尼康等大公司无情地拒绝了。此时只有阿斯麦这个名不见经传的公司积极地表达了与台积电合作的美好意愿，于是台积电与阿斯麦双方开展合作，在2003年基于林本坚提出的原理共同研发成功世界上第一台浸润式光刻机 TWINSCANAT：1150i，即使这个时候尼康也改进了干式光刻技术，成功地将曝光光源波长缩小到了157 nm，但还是稍逊于阿斯麦的132 nm 的曝光系统，历史再一次证明选择正确的合作一定是实现双赢的绝好途径，此后的岁月里，台积电在半导体集成电路制造工艺技术上一路领跑，不可否认很大一部分得益于阿斯麦光刻技术的助力，而阿斯麦通过此次合作，真正站在了通向世界半导体集成电路光刻技术王者登顶的台阶口，从此阿斯麦从一个名不见经传的小公司开始了开挂人生。今天回过头来看，阿斯麦的发展过程可以分为三个阶段，即1984年创立到1995年上市的生存发展期，1995年到2007年的逆袭赶超期，以及2007年至今的领先称霸期（图4.5）。

在这里一定要提一下阿斯麦的另一个千载难逢的机遇，而阿斯麦切切实实把握住了。当年就在传统的干式光刻技术遇到193nm 瓶颈的时候，英特尔于1997年和美国能源部一起牵头发起成立了一个叫作 EUV LLC 的合作组织，汇聚了劳伦斯利弗莫尔国家实验室（Lawrence Livermore National Laboratory，LLNL）、劳伦斯伯克利国家实验室（Lawrence Berkeley National Laboratory，LBNL 或 LBL）和桑迪亚国家实验室（Sandia National Laboratories，SNL）三大美国国家实验室，并联合摩托罗拉、超微半导体等

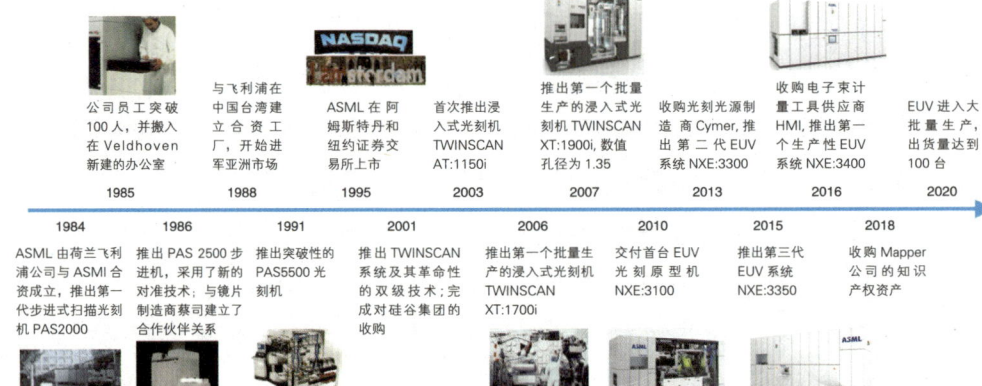

图 4.5 ASML 栉风沐雨 30 多年的发展历程

美国顶级半导体集成电路企业，投入 2.25 亿美元，集中了数百位顶尖科学家，只为一件事，研究极紫外光（EUV）光刻机到底可不可行？该组织旨在专门研究 EUV 光刻技术，这个技术可以将光刻曝光源波长降到 13.5 nm，如果实现，那光刻技术的进步是相当可观的，但技术挑战也是极高的。美国出于对技术研究保密，把日本尼康等国外公司都排除在外，但是当时还只是个小角色的阿斯麦得到信息后却千方百计想尽办法争取加入，为了加入这个组织，阿斯麦甚至承诺在美国建立工厂和研发中心，并保证 55% 的零部件都向美国供应商采购，还同意定期接受审查（这也是时至今日中国向阿斯麦采购 EUV 光刻系统遭到美国阻碍的原因），阿斯麦对美国政府许下一大堆承诺后，勉强进入了 EUV LLC 这个超级朋友圈当一个小角色，尼康则没有那么幸运，直接被拒绝了，连摸摸入门的门把手的机会都没有。阿斯麦虽然是 EUV LLC 中的小配角，但却可以享受到 EUV LLC 的基础研究成果。后来，阿斯麦在 2000 年、2013 年又分别并购了美国光刻系统商硅谷集团公司和美国准分子激光源企业 Cymer，打通了 EUV 光刻机的生产产业链。自此，阿斯麦义无反顾踏上征服 EUV 这块硬骨头的漫漫征程（图 4.6）。2012 年，英特尔、台积电和三星三家世界级半导体集成电路企业分别以 41 亿美元、14 亿美元和 9.75 亿美元投资入股阿斯麦，共同致力于 EUV 光刻系统的研发。阿斯麦不负众望，终于在 2015 年发布了可量产的 EUV 光刻系统，虽然每台售价高达 1.2 亿美元，整个系统重达 180 t，

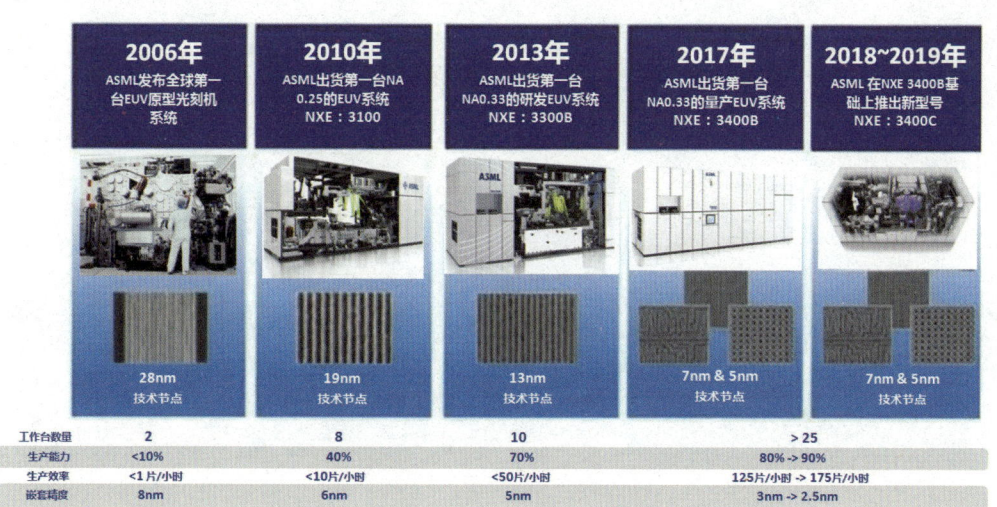

图 4.6　ASML 的 EUV 光刻机演进历程

零件超过 10 万个，运输时能装满 40 个集装箱，安装调试时间超过一年，但相比给半导体集成电路工艺制造技术进步带来的飞跃，这都不是事儿。

阿斯麦从一个不为人关注的小公司，发展成为当今半导体集成电路光刻领域的巨无霸企业，其间除了机遇成分，更有一些成功策略值得我们思考与借鉴。首先，在阿斯麦的成长过程中一直秉持锲而不舍，咬定青山不放松的理念，在悠悠岁月中坚守目标，心无旁骛，认定方向，点滴积累，积沙成丘，终成大器，一旦机会来临即能全力爆发；其次，阿斯麦采取多元运作方法，打通上下游供应链，加快创新速度；再则，阿斯麦与产业各方结成紧密的利益共同体，共担研发风险，共享成果回报，在共享股东先进科技的同时降低自身的研发风险，互惠，共融，互相推动，互利共赢。这是阿斯麦经过 40 年磨炼告诉我们的宝贵成功经验！

第五章 "芯"之崛起
——日本、韩国、新加坡集成电路产业发展历程

亚洲以其丰富的物产，适宜的气候、便利的地理位置和特有的水陆港口和劳动力资源，历来受到世界的关注，成为世界金融与贸易主要聚集和作为产业转移目标的首选地。历史上，半导体集成电路的第一次产业转移，就是由半导体的发源地美国向亚洲国家日本转移，虽然当初仅仅是一次单个产业的转移，但日后显现的效应却不只是半导体集成电路产业输入亚洲这一单一成效，由此不仅触发了半导体集成电路产业在亚洲历久弥新的发展，而且更深入影响到包括日本、韩国、新加坡等在内的亚洲国家在日后国家政策和产业布局等方面战略举措的制定，在这样的大变革中，那些岁月中所关联的人和事都是产业发展的历史见证，是很值得回溯与特书一笔的。

日本推动集成电路发展的举国模式

作为半导体技术发源地，自1947年第一个晶体管在美国贝尔实验室诞生以来，美国始终引领着世界半导体集成电路技术发展。受惠于美国的扶持，日本抓住机遇，不断进行技术升级，经历由小到大，由弱到强的发展历程，20世纪80年代进入了半导体集成电路发展高峰，一度超越美国，成为全球第一半导体集成电路产业大国。在日本战后快速崛起的半导体集成电路产业过程中，日本采取了政府推动，企业联合的"举国体制"模式，集中资源，高速有效地打造起具有世界竞争力的半导体集成电路产业。

图 5.1　索尼出产的世界上第一款袖珍晶体管收音机

日本的半导体集成电路产业起步不算晚，作为冷战时期美国抵御苏联的桥头堡，日本的半导体集成电路产业发展得到了美国的支持。20世纪50年代，日本利用美国扶日抗苏的契机，抓住机会以极低的价格引进了大量的美国高新技术。1953年，东京通信工程株式会社以2.5万美元的白菜价从美国西屋电气（Westinghouse Electric）引进了当时最先进的晶体管技术，要知道这些技术当初贝尔实验室投入了2.23亿美元巨资才研发出来。借助此技术，东京通信工程株式会社在1955年制造出了世界上第一款袖珍晶体管收音机"TR-55"（图5.1），公司也正式改名"索尼"（SONY），1959年日本的晶体管产量更是达到了世界第一。1962—1963年，日后日本的半导体霸主日本电气（NEC）从美国仙童购买了平面半导体集成电路制造工艺（图5.2），拥有了平面集成电路的制造能力，得到这个"杀手锏"后日本电气的生产能力从引进前区区50片晶圆芯片年制造能力，到1965年暴增到了年产5万片晶圆芯片能力。与此同时，日本政府要求日本电气将其技术开放给日本其他公司分享。以此为起点，日本电气、三菱电机、夏普、京都电气都进入了集成电路行业。同一时期，日立、东芝也与美国无线电公司和美国通用电气分别达成相应技术转让协议，1968年，索尼更是和美国德州仪器成立了合资公司，日本的半导体产业就此形成。但碍于战后的经济处于恢复期，社会经济和技术力量总体都还比较匮乏、薄弱，到20世纪70年代初，日本的半导体集成电路产业整体落后美国大约十年以上。70年代中期，日本半导体集成电路

图 5.2　日本电气从美国仙童引入平面工艺

企业受到外部两件事的严重冲击,一件事是1975年、1976年在美国不断施压下日本政府被迫开放其国内计算机和半导体市场;另一件事是同期IBM正在研发高性能、微型化的计算机系统,在其被称为未来系统(Future System,F/S)的新型高性能计算机中,采用了远超日本技术水平的1 MB(1兆位)的动态随机存储器(DRAM)。这两件事深深刺激到大和子民的神经。1974年6月,日本电子工业振兴协会向日本通产省提出了由政府、产业及研究机构共同开发施行"超大规模集成电路"计划的设想,1976—1979年在日本政府引导下,开始实施具有里程碑意义的超大规模集成电路的共同组合技术创新行动项目(VLSI)。

在"VLSI计划"实施前,日本政府基于国力发展需要也一直在政策等方面积极推动日本本土半导体集成电路产业的发展,1957年制定了《电子工业振兴临时措施法》,1971年制定了《特定电子工业及特定机械工业振兴临时措施法》和1978年制定了《特定机械情报产业振兴临时措施法》等一系列政策措施,并对民用市场加以保护,旨在推动日本半导体集成电路技术与产业进步,为日本的半导体集成电路发展铺平道路。1976年3月,经通产省、自民党、大藏省多次协商,日本政府发起"DRAM制法革新"国家项目,启动上述提到的"超大规模集成电路计划"("VLSI计划"),该计划由日本通产省代表政府,以所属的电子综合技术研究所牵头,联合日立、三菱、富士通、东芝、日本电气五大公司,设立共同研究所——超大规模集成电路技术研究会联合研究所,开启为期4年的实施计划。共同研究所所长由来自通产省电子技术综合研究所的日本半导体研究开山鼻祖垂井康夫担任,该计划共投资了737亿日元(折合约2.49亿美元),其中五巨头出资446亿日元,日本政府向成员企业以免息贷款形式提供补助291亿日元,此后相关投入从专利收入和动态随机存储器等产品的市场回报中得到了有效回收。这些投入用于进行半导体集成电路产业核心共性技术的研究,4年间研发了包括动态随机存储器在内众多半导体集成电路技术,取得上千件专利,这些研究成果大幅提升了日本的半导体集成电路水平,为日本20世纪80年代称雄全球半导体集成电路市场奠定了基础。

"VLSI计划"实施过程中除垂井康夫领导的官方共同研究所外,还有分别由日立、三菱、富士通联合建立的计算机综合研究所,以及由日本电气和东芝联合成立的日电东芝信息系统研究所两个联合研究机构也参与了"VLSI计划"。三个研究所分别从事超大规模集成电路、计算机和信息系统的研发，其中官方共同研究所负责微细加工技术及相关设备、硅晶圆的结晶技术及其他基础通用技术研发，具体分工为：第一研究室由日立总协调，负责电子束（EB）扫描装置与微缩投影紫外线曝光装置研究；第二研究室由富士通总协调，负责研制可变尺寸矩形电子束扫描装置；第三研究室由东芝总协调，负责电子束（EB）扫描装置与制版复印装置；第四研究室由电子综合技术研究所总协调，对硅晶体材料进行研究；第五研究室由三菱电机总协调，主要开发工艺制程技术；第六研究室由日本电气总协调，负责进行产品封装设计、测试、评估研究。另两个研究所则主要负责包括 64 kB 及 256 kB 动态随机存储器等在内的产品技术的开发。在各方的协同努力下，参与各方都派出了各自最优秀的工程师，在半导体微细加工技术及相关设备、硅晶圆的结晶技术、集成电路设计技术、工艺和测试技术等领域取得了一系列成果。"VLSI 计划"的实施，缩小了日本的半导体集成电路技术水平与美国的技术水平差距，尤其在计划实施中，日本企业对于动态随机存储器技术有了更深入的理解，使得日后日本提供的更高质量、更高性能的动态随机存储器产品，成为日本半导体集成电路技术与产业赶超美国的利器。

得益于举国体制式的"VLSI 计划"实施和一系列政策的推行，使崛起于战后的日本半导体集成电路产业驶上了发展快车道，这些效果主要体现在 20 世纪 80 年代日本的动态随机存储器技术与产品追赶并超越了美国，使当时日本存储器产品市场份额不仅在美国市场，在欧洲及亚洲市场也都居于领先地位。在产品方面，64 kB 存储器主要由日立制作所主导，256 kB 产品是日本电气主导，1 MB 则由东芝主导，虽然不同产品的主导企业会有所变化，但全球动态随机存储器最大供应商的地位当时一直都被日本企业占据。1985 年，日本半导体集成电路产品市场份额超越美国成为全球第一半导体集成电路大国。1989 年，单在存储器芯片领域，日本企业的市场份额就达 53%，美国仅为 37%。在日本企业的巅峰时期，日本电气、东芝和日立三家企业排名动态随机存储器领域的全球前三，其市场份额总和甚至超过 90%，在日本咄咄逼人的态势下，英特尔、德州仪器和美光等一众美国公司一退再退，都被逼到了悬崖边上。1990 年，日本半导体市场销售额为 1.3 亿美元，占全球销售总

额的37.4%，居首位，成为世界最大的半导体生产国。当时全球十大半导体公司中，日本占六家，日本电气、东芝和日立高居前三大半导体公司，英特尔仅居全球第四，此时韩国三星尚未能进入前十。至此，日本在半导体集成电路产业领域已不是昔日笼罩于美国巨大阴影下可被随便拿捏的小雏鹰，这时已然长成能振翅高飞的雄鹰，这头雄鹰一度逼迫世界半导体集成电路老大英特尔不得不放弃看家产品动态随机存储器——DRAM，转型制造中央处理器——CPU。日本半导体集成电路产业的兴起曾引领了20世纪80~90年代世界半导体集成电路产业的发展，但同时也招来了世界半导体集成电路老牌霸主美国的极大恐惧与忌讳，山姆大叔向岛国兄弟抡起了无情大棒，正所谓成也"举国推进"，败也"举国推进"。

来自美国的两份协议对日本集成电路产业的逼迫

日本半导体集成电路技术与产业经过20世纪70年代采取的"举国体制"集中优势资源攻关，突破美国的垄断，在技术和产业各个节点呈全面上升势态，大有从根本上动摇美国在半导体集成电路领域霸主地位的气势。1985年是一个具有里程碑意义的转折点，日本第一次在全球半导体集成电路市场占有率方面超越美国，成为全球最大半导体集成电路产出国，日本最高峰时候的动态随机存储器产品曾坐拥全球90%市场。这是全球半导体集成电路产业第一次转移引出的效果，日本这个二战后美国控制的战败国，抓住机遇，奋力一搏，使其经济和半导体集成电路产业由此而全面崛起，成为新的全球半导体集成电路引领者。在半导体集成电路产业的繁荣下，日本经济进入了黄金时代。

日本半导体集成电路产业的辉煌，给日本带来了整体经济的繁荣，这让美国十分恐慌和愤怒，于是"山姆大叔"用好莱坞大片风格自编、自导、自演了一出堪称MBA经典商战案例的谍中谍大片。时间回溯到1982年，美日半导体之战的序幕正式开启，美日两国的工程师、企业家、政客们依次粉墨登场，大剧从谍战大片开局，美国选定的对象是日本日立和三菱公司，因为这两家企业在"VLSI计划"中扮演了重要角色。美国联邦调查局（FBI）特工假扮美国国际商业机器公司人员进行所谓"钓鱼执法"，他们故意把IBM

的27卷所谓绝密半导体集成电路设计资料中的10卷按约定发给了日立公司高级工程师林贤治，林贤治得到甜头后很快就咬钩上当，表示还想要换取更多资料，呵呵，要的就是这个反应，FBI立马拿到可信证据并马上公之于众，称"日本企业窃取美国技术"。这次钓鱼行动极为成功，日立和三菱被美国法律整得措手不及，元气大伤。虽然，日立和三菱两个核心企业受到打击，但当时日本凭借着内外众多有利机会，迅速化解了危机，这次打击犹如在日本半导体集成电路产业向前迅跑的脚踝处被敲打了一下，虽然一个趔趄，但日本整体半导体集成电路产业仍然一路高歌猛进，处于高速发展之中，不过内伤已有。在市场占有份额不断上升的同时，日本的富士通进一步打算控股美国的仙童，这下真深深刺痛了美国人，要知道仙童号称硅谷的"西点军校"，这里诞生了众多半导体的"大神"，硅谷当年的大部分半导体公司创始人都是出自仙童。美国业界联合起来以美国半导体行业协会（SIA）名义向美国商务部投诉日本半导体产业不正当竞争，要求总统根据301贸易条款解决市场准入和不正当竞争的问题，声称美国政府如果继续放任日本称霸半导体集成电路领域，将会影响"美国优先""美国制造"的国策与利益，更会威胁"国家安全"，要求政府出手打压风头正劲的日本半导体集成电路产业。千条理由，万条说辞，说什么都不比"威胁国家安全"这个重要，这下美国政府坐不住了，撕下盟友面具正式向日本发起了针对半导体集成电路产业的制裁，这是世界半导体集成电路发展史上第一次由一个国家向另一个国家发起针对半导体集成电路的战争，"山姆大叔"的目的非常明确，就是要搞垮日本的支柱产业，将日本经济彻底拖入泥沼，消除对其的威胁。1986年，美国一口咬定日本倾销动态随机储器产品，一方面，美国商务部向负责谈判的日本通产省开出极其苛刻的条件，要将美国半导体集成电路产品在日本的市场份额提升到20%~30%，并建立价格监督机制，还要终止第三国倾销；另外一方面，美国在媒体上大肆宣扬"日本威胁论"，宣称日本企业在这一领域的全面领先，将严重威胁美国国家安全，为美国自身打压日本寻找理由。谈判过程中，美日双方展开了激烈的争论和交锋，1986年7月，美国答应日本签订暂时停止倾销调查的协议，但这只是姿态上的，其实却是玩起了心理战，美国警告日本，当月的31日是最后的期限，如果不能完全达成协议，将会使用301条款加以更严的制裁，当时的日本通产省和半导体产业界并不同意签署协议，日本产

业界的态度更是决绝，宁愿被课以重税也不愿意达成协议。可惜，日本战后的政治和军事严重依赖美国，再加上1985年时候，与美国签订的《广场协议》，为了平衡贸易逆差，美国金融有意识让美元所谓贬值，使得汇率从协议签订时的1美元兑250日元上下，在协议签订后不到3个月的时间里迅速下跌到1美元兑200日元左右，跌幅20%，最低跌到1美元兑120日元，日本开始陷入泡沫经济，迟滞了日本经济正常发展。多重压力下，以必须维持美日同盟关系为底线的日本政府在31日午夜规定时间截止最后一刻，极不情愿地无奈接受了美国的条件，签订了要求开放本土半导体集成电路市场的《美日半导体协议》。协议的签订虽然对日本半导体集成电路市场有一定影响，但是此时日本的半导体集成电路产业还处于黄金发展阶段，协议总体并没有对日本半导体集成电路产业造成太过于严重的损伤。

  1987年，美日贸易逆差进一步扩大到586亿美元，美国发现自己的半导体集成电路产品在日本的份额并未有所提升，于是发出最后通牒：4月1日之前，必须改善市场准入和停止在第三国倾销。4月17日，美国里根总统以日本在第三国的倾销行为为由，签署文件向日本3亿美元的电子设备产品征收100%的惩罚性关税，并否决了日本富士通并购美国仙童的收购案。自此后，美国一而再，再而三地采用各种办法限制、制裁日本半导体集成电路产业。同年，以邓肯·亨特为首的5名美国国会议员又以大片风格出境直播，在美国国会山台阶上抡起几把大铁锤狂砸日本东芝出产的晶体管收录机，为所谓"东芝事件"造声势。通过东芝事件，不仅打压了日本半导体产业的核心企业东芝，又借机在1987年7月和1988年4月，与日本达成协议，双方共同开发FSX战斗机。本来日本准备独立研制FSX型战斗机，这既是国家安全需要，也是经济强盛的象征，但美国急迫地想得到日本自动相控阵雷达和机翼整体造型技术，以东芝事件为要挟，坚持要与日本联合开发，并约定美国有权得到所有技术，美国借此打开了获得日本技术和知识产权的渠道。1991年，按日本的统计口径，美国半导体集成电路产品在日本的市场份额已经占到22%，但是美国仍旧认为是20%以下，美国再次以种种手段施压，1991年6月强迫日本签订了五年期的新《美日半导体协议》。与此同时，美国本着以物克物的打法，大力扶持韩国发展半导体集成电路产业。

  日本在美国一系列重压下，两次被迫与美国签订受到各种约束和限制的

《美日半导体协议》，使得处于黄金发展期的日本半导体集成电路产业受此逼迫，由欣欣向荣的发展势态被强按掉头转为鱼困浅滩的疲势。

日本仍然雄霸世界集成电路产业的底气

第二次世界大战结束后，在不到30年的时间内，日本通过一系列的战后经济复苏努力，使其从一个经济崩溃、一片废墟的战败国一步一步发展成世界经济巨人。这30年的发展脚步，我们可以清晰地看到3个以10年脚印为标志阶段的奋斗历程。从战后1945年到1955年的10年为第一个阶段，日本通过全民奋斗，把日本经济恢复到战前水平；1956年到1968年，又是一个10年的努力，日本跃升为世界第三经济大国，许多工业产品的产量位居世界各国前列；从1968年以后到20世纪70年代中后期，差不多又是10年，日本经济进入高速增长期，一飞冲天发展成为仅次于美国的世界第二大经济体。日本经济的发展和高速增长也进一步带动了日本在高技术产业，特别在半导体集成电路产业领域的长足进步，虽然其间有蹉跎，有反复，但在这一经济高速增长期，促成了以索尼、日立、三菱、富士通、东芝、日本电气、松下等为代表的"日本半导体"群体接连登上世界舞台。这些企业不仅开拓了半导体集成电路新领域，在让自己产品走向全球的同时，还联手开启了登顶世界半导体技术高峰之路，缔造了一个又一个看似不可能的技术神话，成为不仅是当时，也是今天可引以为鉴的学习典范。

人类科技进步发展历程中的三次工业革命都成为一种标杆性的经济和技术进步的动力，兴起的每一个新兴产业都为全球各个地区的经济起飞提供了新机遇。第一次工业革命带动了英国伦敦、曼彻斯特和德国鲁尔工业区的崛起，第二次工业革命使得美国底特律从一个不惹人注目的小城发展成享誉世界的汽车城，第三次工业革命更是催生出助推人类文明进入信息化、智能化时代的美国加州硅谷和日本九州岛的繁荣。说到日本的半导体集成电路科技发展，一定要带大家了解一下位于日本四大岛最南端的九州岛，整个九州岛面积约4万km^2，人口1400万。行政区域包括今天的福冈、佐贺、长崎、熊本、大分、宫崎、鹿儿岛、冲绳八县。其中，长崎、冲绳在二战中被破坏严重，长崎甚至遭受过原子弹的重创，战后几乎是一片废墟。半导体产业作为

第三次工业革命发展起来的新兴产业之一,源头发轫于美国并形成规模,直至20世纪70年代都是一骑绝尘、独占鳌头。当时开始步入经济高速增长期的日本认清了半导体集成电路产业的巨大潜力,在政策和资金上加大力度予以扶持和推进。我们前面提到的"VLSI计划"就是其中最具代表性的举国推进计划,在这期间日本集中了大量的人力和物力进行半导体集成电路技术研究与产品开发,使得日本半导体集成电路产业在短时间内获得了飞速发展。这种形势下,日本九州不失时机地选择了半导体集成电路产业作为经济发展的支撑点加以有规划建设,到1985年,当日本第一次在全球半导体集成电路市场占有率方面超越美国,成为全球最大半导体集成电路产出国时,九州的半导体集成电路产量已经占到日本半导体集成电路供应量的44%,是当时世界上仅次于美国硅谷的世界第二大尖端技术产业集中区,由此在世界上自美国有"硅谷"之后,又有了日本九州的"硅岛"。历史上,九州是日本通往亚洲大陆,特别是通往中国的门户,中国文化都是通过九州岛输入。明治维新后,九州逐渐发展成日本化学、钢铁工业中心。1967年,三菱机电公司首先在九州建立半导体工厂。70年代中期,这里的半导体工业迅速发展,1975年,九州半导体集成电路年产量为9500万只,占全日本的1/3,到80年代中期,九州已成为日本最大的半导体工业生产基地,1985年的年产量已达到60亿只。同年,美国著名的仙童半导体公司在长崎县建成半导体集成电路工厂。至此,九州所有的县都有了半导体集成电路工厂,包括当时世界上最大的半导体公司德州仪器也在这里设立了日本分厂,到80年代末期,全球约有15%的半导体在九州岛生产。

读到这里也许我们会有一个疑问,众所周知,美国的硅谷是在斯坦福大学与众多一流研究机构的基础上发展起来的,而九州半导体产业起步之初,既没有一所世界一流大学,更不要提有什么尖端技术研究机构,最出名的是出产自熊本的烧酒,那九州岛后来的半导体集成电路产业是如何发展起来的呢?首先优越的自然条件是一大因素,日本是一个岛国,自然气候条件不是太优越,又处于地震多发地带。相比之下,九州气候温和,湿润多雨,丰富的水资源以及未受工业污染的自然环境,为半导体集成电路产业发展提供了有利条件。集成电路制造需要大量的水,一个较大的半导体工厂一天就要消耗掉1000 t经过处理的水。半导体集成电路制造工厂的"超净车间"对尘埃的限制也极其严格,粒径小至几微米的尘埃就能导致产品的报废,因此清洁的环境很重要,而九州恰好有适合半导体集成电路制造所需的自然条件,日本很多先进的半导体集成电路工厂都选址水质良好的熊本市。九州占据这个"天时",到2005年左右,日本九州岛半导体制造企业就已超过600家。二是低廉的建设成本、丰富的劳动力资源以及方便的交通,也给九州发展半导体集成电路产业带来了"地利"。在当时,九州因为工业比较落后,就业机会少,使得这里的劳动力资源低廉且丰富。九州不仅海运方便,而且有完备的航空运输条件,各县都有较大的机场,这是发展半导体集成电路产业的一个重要条件。三是,20世纪70年代日本以举国体制推动本国半导体集成电路产业兴起,九州当地政府看准这一发展趋势,及时制定了各项优惠和鼓励措施,如同我们今天采取的"招商引资"办法,吸引各类半导体集成电路企业在九州落地和发展。九州所属各县在工程建设、交通、供水、供电、能源等方面为相关落户企业提供帮助。九州当地企业也纷纷转型积极充当半导体集成电路产业的配角,主动为半导体集成电路企业协作配套,形成了一套完整、高效的产业链。此外,九州地区的30多所公立、私立大学按需求调整、加强相应学科建设,设立系统集成、电路设计、工艺研究、材料实现等与半导体集成电路相关学科专业,源源不断地为九州半导体集成电路产业输送人才,这一切,促使九州的半导体集成电路产业沿着一条带有明显地域特色的独特之路发展起来,此乃九州得到的"人和"。"天时""地利""人和"使九州半导体集成电路产业魅力永驻,也使日本半导体集成电路产业处于良性循环状态。现在,日本近四成半导体产品出自九州,它云集了200多家世界顶级半导体设备制造商及零部件制造商,索尼、东芝、日立、三菱、富士通、信越化工、东电电子等知名公司都在此设有生产基地。

  无论是在战后经济困难时期,还是在恢复重振以及后来的高速增长期,日本政府通过一系列举措,在短短的时间内推动了本国半导体集成电路技术与产业的快速发展,除了前面提到的以索尼、日立、三菱、富士通、东芝、日本电气、松下等为代表的半导体企业,还打造了极具世界竞争力的、完整的产业链,构建起成熟的半导体集成电路生态,培育出一批具有世界影响力的半导体集成电路细分专业企业,如晶圆材料制造巨头信越(SHIN-ETSU)、胜高(SUMCO),掩模版(MASK)领导者凸版(TOPPAN),光致抗蚀剂(光

刻胶）寡头日本合成橡胶（JSR）、东京应化（TOK）、住友化学（SUMITOMO CHEMICAL），溅射靶材龙头东曹株式会社（TOSOH），后端封装材料领域翘楚京瓷（KYOCERA）、住友电木（SUMITOMO BAKELITE），前后端检测设备生力军爱德万（ADVANTEST）和东京电子（TOKYO ELECTRON），以及光刻机王牌尼康（NIKON）、佳能（CANAN）等一批引领世界供应链的标杆性半导体集成电路企业。由此我们可以感受到，就整个半导体集成电路产业链来看，日本仍是今天半导体集成电路产业当之无愧的顶级玩家，日本占据着众多不可缺少的产业细分环节，其产业链细分节点分工控制之完整，基础研究、技术掌握之牢固，都对世界半导体集成电路产业链有着巨大影响力。日本经过几十年的风雨洗礼，形成了以东京、大阪为核心的半导体集成电路设计中心功能区和以九州"硅岛"的半导体集成电路设备及加工为核心的制造中心功能区格局，在世界半导体集成电路产业大家庭中，日本半导体产业以它独有的魅力依旧受到大家青睐，依然有占据世界集成电路产业一席之地的底气。

美日之争的受益者——韩国集成电路产业的突起

当20世纪70年代中期日本以"举国体制"集中财力、物力在半导体集成电路产业发奋图强，并与美国缠斗得难分难解，大有压过美国之势时，同样位于亚洲的韩国其实也在推动半导体产业发展，但是碍于韩国当时的整体经济实力和技术水平，所涉及的面不要说与美国相比，与日本都不是一个数量级可比拟的，真可谓小巫见大巫，很难说是真正意义上的半导体产业，因为它只是涉及半导体产业链上密集型组装节点，说白了，就是廉价劳动力输出，还谈不上有何高门槛的技术含量。

1959年，韩国乐喜金星公司（Lucky Goldstars，LG）的前身"金星社"研制、生产出韩国的第一台真空电子管收音机"A-501"，这也被认为是韩国半导体产业的起源。不过这台收音机与日本索尼公司自主研制出的第一台晶体管收音机"TR-55"不同，韩国的所谓生产仅仅是对进口元器件进行组装，没有任何技术开发。20世纪60年代中期，以美国为主要代表的一些外国公司为降低成本向亚洲寻求劳动力相对低廉的国家和地区进行投资性生产基地转移，韩国以其良好的自然环境和气候条件，以及相对低廉和丰富的劳动力

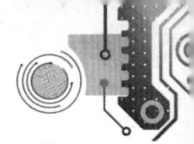

资源,吸引了美国等外国公司目光,这些外国公司按照生产制造国际分工策略,将韩国定位为劳动密集型的简单组装生产基地。1965年,美国KOMY公司投了外国公司在韩国投出的第一笔半导体产业直接投资,随后,仙童和摩托罗拉等美国公司也越来越多地投资给韩国,建立生产基地以降低其生产成本。值得注意的是,韩国从这些生产基地转移中的获益仅仅停留在经济获益层面,在技术提升等方面没有得到任何益处,正如世界经济合作与发展组织(Organization for Economic Co-operation and Development,OECD)在一份报告中阐述的那样,"对于这些美国投资者的子公司而言,韩国只是'飞地',对于韩国的技术进步未起到任何作用,他们只是专门从事简单的晶体管和集成电路的组装,用于出口,所需的材料和生产设备都是进口的"。不过,由于美国等外国公司的投资性生产基地迁移,韩国的半导体产业在体量上迅速上涨,到1969年,韩国半导体出口达到3500万美元,占韩国出口总额的5.6%,成为当时韩国第四大出口商品。但是,可以清楚地看到这一时期韩国的半导体产业发展增速虽然很快,但相比当年美国的半导体集成电路产业发展轨迹,甚至与其近邻日本的半导体集成电路产业进步相比,仍有天壤之别。最大的一个实质性区别,就是前两者虽然相互具体发展路线轨迹有区别,但最大的共同点就是都是根据产业趋势主动而为,而韩国半导体产业的发展是在外国资金投入作为半导体生产"飞地"前提下而被动发展起来的,这也从韩国对待外国投资方的策略可窥其一斑。当年面对美国仙童半导体公司向韩国提出在韩国独自设厂、独自管理、独资经营的投资诉求,韩国不像20世纪60年代的日本那样,同样是引入美国半导体企业,但日本政府在引入美国半导体企业进入日本市场时采取了较为审慎和严格态度,并对本国半导体产业采取了有效的保护策略,而韩国采取的是无条件全部放开策略,对于美国半导体企业的要求都是无条件全部接受,这其实也与韩国当时的综合经济实力有极大的关联,当时的韩国几乎没有任何像样的工业体系,其经济基础主要还是农业以及和农业密切相关的少量轻工业,1962年的韩国人均国内生产总值(GDP)只有87美元,还是一个贫穷落后的以农业为主的国家,没有实力底气。同时,这也反映出韩国的另一个隐痛,那就是它奇缺如日本那般在引进美国半导体专利授权后进行消化、提升再创新的技术底蕴和实力,再加上当时韩国在谋求加入《关税及贸易总协定》以满足政府的强化出口政策,当时

的韩国政府大幅度放宽了《外国资本引进法》，允许符合出口发展战略导向的国外企业来韩国建厂。从 1965 年到 1973 年，韩国共引入 11 家美国半导体公司和 7 家日本半导体企业在韩国设立分公司，日本三洋和东芝等日本半导体公司也在韩国外国公司投资之列。但这些外国企业建立的都是劳动力密集型、技术门槛较低的半导体集成电路组装厂，这种状况一直延续到 20 世纪 80 年代初，直到这时，韩国的半导体产业仍然非常局限，只有简单的、劳动力密集型的组装环节，当初那些外国投资者的目的非常清楚，就是利用韩国低廉的劳动力进行来料加工，采用全部由美国、日本进口的原材料进行组装加工，然后再出口。这种模式虽然在短时间内使韩国获得了一定经济效益，解决了劳动力就业，但从能力与技术提升角度上来讲并未获得重大技术转移与收获，实质上对韩国半导体技术与产业进步并未起到任何促进作用。不过毕竟韩国在这一波半导体产业"飞地"实践中有了初步的经济原始积累和半导体产业经验，为后面的腾飞铺垫了一定基础。

随着 20 世纪 70 年代的全球市场环境变化，以及韩国劳动力成本的升高，韩国轻工业产品出口比率大幅下降，外债也上升到危险的水平，韩国经济受到威胁。为此，韩国政府在 1973 年宣布了"重工业促进计划"（HCI 促进计划），旨在通过重工业和化学工业发展建立起一个自给自足的经济生存环境。1975 年，韩国政府公布了扶持半导体产业的六年计划，强调实现电子配件及半导体生产的本土化。韩国政府还组织"官民一体"的动态随机存储器共同开发项目，通过加入政府的投资来发展动态随机存储器产业。在推动半导体产业发展过程中，韩国政府采取一种极具"韩国特色"的"政府 + 大财团"的经济发展模式，并推动"资金 + 技术 + 人才"的高效融合机制的实施。在这些策略性运作过程中，韩国政府还花血本将大型的航空、钢铁等巨头企业私有化，划分给大财团，同时向大财团提供被称为"特惠"的措施。著名的《经济学人》(The Economist) 杂志在 1995 年的文章中曾这样评论道，"20 世纪 80 年代韩国工业的发展得益于 HCI 促进计划，由于如此庞大的资源集中于少数财团，他们可以迅速进入资本密集型的动态随机存储器生产，并最终克服生产初期巨大的财务损失。"这些看似简单粗暴的策略，在韩国当时相对薄弱、粗放的经济状况下还是非常行之有效的。通过上述政策，数量庞大的资金资源被迅速集中到选定的大财团手中，从而有效克服了发展初期财政资金

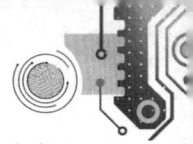

短缺的问题,并且韩国在半导体集成电路技术与产业突破方向方面,以动态随机存储器这类既具有一定技术高度,又相对容易技术聚焦和重点攻克,并能以容量系列化迅速上规模占领市场的半导体集成电路产品为抓手,由此建立起韩国大规模集成电路产业集群,这也是相当明智的。1976年,在其近邻日本全面启动"VLSI计划"项目时,韩国出于自身发展需要,也乘美国刚好需要在亚洲再培育一个能够抗衡日本半导体产业制衡者的契机,在龟尾产业区建立起韩国电子技术研究所(KERI),招聘美国归来的半导体工程师,设置试验中试线,研发半导体技术,于1979年研制出了容量为16 kB的动态随机存储器产品。尽管比日本晚了几年,但这也是韩国第一次摸到大规模集成电路技术的门道。自此,三星以及由金星社演变而来的乐喜金星和海力士的前身现代电子等韩国财团纷纷开始进入半导体集成电路领域,这进一步让韩国半导体产业进入大规模集成电路时代,也跨越式实现了韩国半导体产业从简单的组装生产到精细的半导体集成电路制造的实质性飞跃。

韩国影视剧的主角演绎大都有着一个共同特质,那就是"逆袭",在韩国半导体发展这部现实版的"韩剧"中,更是把"逆袭"二字诠释得淋漓尽致,而身处其间的一号主角非三星莫属。1983年是韩国半导体产业发展历史的关键时间点。在这个历史性转折点,以三星为一号男主角的韩国半导体产业发展"逆袭"大剧正式拉开帷幕。1983年2月,三星集团首席执行官李秉哲经过反复思考决定对动态随机存储器研制进行大规模投资,在当时韩国半导体产业仍是一个以简单组装国外半导体产品为生产"飞地"的境况下,这一决定被大多数人认为是自寻绝路,都竭力反对。但李秉哲决心已定,并制定了一个详细的实施计划,根据这一计划,三星全部半导体产品中大约50%应该是动态随机存储器,计划也对动态随机存储器领域进行了技术和产品细分,并对市场切入进行精心挑选,以期提升经济规模和成本的竞争力。同年,三星在京畿道器兴地区建成首个半导体集成电路制造厂,并开始一系列运作,三星集团下属的三星电子首先向当时遇到资金问题的美国美光公司购买64 kB动态随机存储器技术,当时的美光公司在存储器领域还是一个小弟弟,市场占有率不足5%,正被如日中天的日立、三菱、富士通、东芝、日本电气日本五巨头摁在地上摩擦,能够把动态随机存储器技术转让给三星,也算是两个二线小弟相互间的抚慰,同时也可以换些疗伤钱,美光二话不说同意了。

但有趣的是，当时谁会料到40年后的今天，在世界存储器舞台粉墨扮彩、吟唱正欢的主角们早已不是当年这日本"五霸"，替而代之的正是当年这些被踩在地上的二线小弟们，正所谓事无常势，指不定哪天咸鱼也有翻身日。当年日本那些风光无限的一众大佬们现如今早就被赶下舞台，远远地站在门边一角，怀着五味杂陈的心情望着台上这些存储器新贵们演绎着精彩的世界，世事弄人，这是后话。当时三星在获得美光公司的技术转让的同时，又因为日本夏普公司没有被日本通产省列为半导体公司，而是归类在消费电子公司序列里，不属日本出口技术规范管制企业范畴，三星又乘机非常侥幸地从日本夏普公司那里取得了"互补金属氧化物半导体工艺"的许可协议。有了这些"独门利器"，三星武功加身，逐步进入半导体集成电路产业发展快行道。三星于1983年11月研发成功64 kB动态随机存储器产品，这标志着以三星公司为代表的韩国半导体集成电路产业真正实现了从简单的集成电路组装技术到尖端超大规模技术的质的飞跃。1983年，在韩国半导体集成电路产业发展史上是值得大书一笔的年份，标志着韩国超大规模集成电路"逆袭"时代的开始。不可否认的是，在最初阶段，外国技术许可对三星从半导体技术小白蜕变成武林高手发挥了不可或缺的重要作用。有了1983年从地上站起来的机会，三星从此在世界半导体集成电路产业的高速公路上一路飙车，迅猛壮大。1984年，三星又成立了一家现代化的超大规模集成电路芯片制造工厂，用于批量生产64 kB容量动态随机存储器，也正式开启了延续至今、几乎韩国所有半导体企业都采用的垂直一体化集成器件制造（IDM）模式。1984年秋季，韩国三星的动态随机存储器产品历史性地首次出口到美国，1985年三星又成功开发了1 MB容量的动态随机存储器。与此同时，刚好借助美国扶持韩国抗衡日本的契机，三星取得了英特尔"微处理器技术"的许可协议，如虎添翼。此后三星在动态随机存储器研制开发上不断投入，韩国政府也全力配合，由韩国科学和技术部（MOST）直属的韩国电子通信研究所（KIST）牵头，联合三星、乐喜金星、现代以及韩国六所大学，"官产学"一起对4 MB容量动态随机存储器进行技术攻关，该项目持续三年，研发费用达1.1亿美元，韩国政府承担了57%的费用。随后，韩国政府还推动了16 MB/64 MB等更大容量动态随机存储器的合作开发项目。在推动产品开发的同时，1983年至1987年间，韩国政府又启动实施了《半导体工业振兴计划》，该计划中，韩国政府共投入了3.46亿美元的贷款，并激发了20亿美元的私人投资，这些都极大促进了韩国半导体集成电路产业的快速发展。从中我们可以体会到，从20世纪70~80年代出台《半导体工业振兴计划》《超大规模集成电路技术共同开发计划》，鼓励企业创新、推动部分核心技术课题攻关，到出台"BK21""BK21+"等致力于打造世界一流大学的扶持计划，对大学及研究所进行精准专项研究资助，再到21世纪以来，犹如我们后来看到的那样，为巩固行业内竞争优势，陆续推出"系统集成半导体基础技术开发事业"和"人工智能半导体产业发展战略"等战略实施计划，韩国为保持和强化自身在半导体集成电路这一支柱产业核心竞争力，真可谓不遗余力地"逆袭""逆袭"再"逆袭"。

1986年，美日在半导体市场争夺战中由边缘摩擦上升到正面直接冲突，这使得世界半导体格局发生变化，同时半导体集成电路市场也出现了一个"鹬蚌相争，渔翁得利"的机会，当年受到打压的日本无奈承诺通过减少动态随机存储器产量来提高销售价格而解除所谓"倾销"嫌疑，这时机会出现了，当时美国计算机行业动态随机存储器需求增长，日本的退缩导致全球市场上256 kB容量动态随机存储器等产品严重短缺，这个日本被迫让出的"空窗期"给韩国256 kB动态随机存储器产品提供了一个重要的"机会之窗"。由此，这场源自美国和日本之间的半导体贸易冲突以及随后的政治调控，无形中给后起之秀韩国提供了一个千载难逢跻身世界半导体集成电路舞台的机会。此后韩国一直在赶超，1988年，三星完成4 MB容量动态随机存储器设计时，研发进度仍比日本同类产品晚6个月，但三星等韩国公司没有气馁和松懈，趁着日本经济泡沫破裂，到1992年，三星成功推出世界上第一块64 MB容量动态随机存储器产品时，一举超过原来动态随机存储器的世界老大日本电气公司成为世界第一大动态随机存储器制造商。这还没有完，我们说过三星一直在"逆袭"路上，超越日本成为世界第一大动态随机存储器芯片制造商只是三星带领韩国半导体产业由处于第二梯队的小角色迈向世界第一梯队的第一步，真正使韩国半导体集成电路产业在与日本角逐中最终胜出的是韩国祭出的另一手更绝的撒手锏"逆周期投资"。

1995年之后，三星多次发起"反周期定律"价格战，把世界上其他很多动态随机存储器公司逼向绝境，最终形成动态随机存储器领域仅剩几家企业角力市场的局面。毋庸置疑，半导体产业每年都需要投入大量资金用于设备更新完善与技术优化升级。资金投入的途径一般有两条，一条由政府出资，另一条由企业自己筹措投入，但无论是哪条途径投入，一定都有投资策略。三星是综合型大财团，理应按市场金融规律出牌，但三星一反常态，绝不按常理出牌，以其综合性、多元化收入相互补贴为基础，推行"逆周期投资"策略，就是即使存储器市场低迷，仍注入资金优化技术，扩大产能，进而进一步摊薄成本，以更大的规模效应和更低的成本赢取近乎极限的低售价，以"反周期定律"价格战一步步逼退对手，占领市场。哪怕1984年，当三星刚刚化血本研制推出64 kB容量动态随机存储器产品不久，全球半导体业刚好步入一个周期性低潮，动态随机存储器价格从每块电路4美元暴跌至每块30美分，而三星当时的生产成本就要每块1.3美元，这意味着每卖出一块动态随机存储器电路，三星就要亏1美元。在当时这个低潮期，英特尔经过痛苦抉择，壮士断腕，悲壮地从此退出动态随机存储器行业，而日本的日本电气等半导体存储器企业也不得不大幅削减资金开支，但三星却反其道而行之，像"赌徒"一般在动态随机存储器研发和生产投资上疯狂加码，逆周期投资，继续扩大产能，并进一步投入力量开发更大容量的动态随机存储器产品，到1986年底，三星半导体产品线累积亏损3亿美元，股权资本完全亏空。但俗话说得好，坚持就是胜利，转机瞬间来到，1986年，《美日半导体协议》的签署使得动态随机存储器芯片价格回升，三星也成为全球半导体市场需求大补缺的绝对赢家。三星从逆势中挺了过去，开始盈利，也成为那个笑到最后的王。犹如韩剧的连续剧片集很多一样，韩国三星独创的"逆周期投资"的戏码不是只用一次，这一次是初试牛刀，剧情远没有终结，精彩还在后面。1996年至1999年期间，三星再次祭出"反周期定律"，而此时原本生产动态随机存储器产品的世界大佬们，已是被逼得哀鸿一片，欲哭无泪，昔日的业界大佬日立、日本电气、三菱的动态随机存储器产品部门早已不堪重负，于1999年在日本政府授意下，三家企业的动态随机存储器业务各自从母公司剥离出来，享受一定的保护性政策成立一家专门生产电脑内存用动态随机存取存储器的企业——尔必达（ELPIDA），在动态随机存储器领域市场份额也曾做过世界第三。此后不久，日本东芝又宣布自2002年7月起不再生产通用动态随机存储器产品。真是世事难料，当年群雄纷起，风光无限，开世界动态随机存储器技术与产业风气的日本半导体企业，最后仅剩下尔必达这一棵靠政府保护性政策扶持着的独苗。当时在世界动态随机存储器领域除了这棵先天不足的日本独苗外，历经大浪淘沙在动态随机存储器舞台上还能唱念做打的只剩下韩国的三星、海力士和美国的美光，对，就是那个当年被日本一众大佬摁在地上摩擦，又在三星最需要时把动态随机存储器技术转让给难弟的美光兄弟，如今，那些曾无情霸凌过它的日本巨头们都已退出动态随机存储器舞台，而当年那些不被正眼瞧的小弟们已咸鱼翻身坐在世界一线交椅上笑看众生了，除了这四家技术源头或多或少相互都有些牵扯的同门兄弟公司外，还有一家远在欧洲德国脱胎于英飞凌的欧洲贵族奇梦达（QimondaAG），总算"生、旦、净、末、丑"五行还能唱成一出整戏。但好景不长，2007年初，因全球动态随机存储器需求过剩，再遭遇2008年金融危机，动态随机存储器产品每块单价从2.25美元又暴跌至0.31美元。三星不按常理出牌，又一把豪赌，再一次祭出"逆周期投资"王牌，将2007年公司总利润的118%全部投入动态随机存储器产品的制造产能扩充中，这一把豪赌使得动态随机存储器产品市场价格接连跌破现金成本和材料成本。这一招实在生猛，那哪是优雅的绅士比剑，那可是玩命的一剑封喉，养尊处优的德国绅士奇梦达原本还想如欧洲剑客一样挥剑一决，但是韩国三星的攻势实在太猛，根本不给这位欧洲贵族换上骑士服，佩剑如仪入场，再绅士般行礼而战的时间，你还没站稳，三星那寒光凌厉的剑锋已直抵德国绅士的咽喉，真实要命的一剑封喉。2009年初奇梦达走投无路宣布破产，紧接着在三星等韩国企业步步紧逼下，2012年2月27日，日本动态随机存储器硕果仅存的独苗尔必达总裁坂本幸雄在新闻发布会上缓缓起身深深鞠躬，神态凝重地说："由于资金严重短缺，迫使公司出此下策，寻求破产保护。"坂本幸雄的这句话，不仅意味着尔必达的终结，更意味着一个时代的结束，动态随机存储器研制与生产在日本和欧洲都成了绝响。至此，全球动态随机存储器领域进入韩国的三星、海力士和美国的美光三分天下的时代。有关动态随机存储器的战争还会持续，这些市场争斗的影响极其深远。多年的不懈努力与坚韧不拔终使三星一步步成长为今天气贯长虹的半导体集成电路产业巨擘，三星半导体产业的奋进历程其实浓缩了韩国半导体集成电路产业发展史。

  韩国半导体产业的崛起，源自劳动密集型的低附加值产业受到第二次石

油危机的影响，使得韩国国内开始意识到，想要在国际竞争中占据有利地位，必须发展高附加值、低能耗、高科技的薄、小、轻产品工业。韩国半导体集成电路产业的突围与腾飞就此开始，并逐步缩小与日本竞争厂商的距离，最终走到了世界动态随机存储器产品生产和开发的前列。韩国半导体集成电路产业发展的历程，我们可以把它分成四个标杆性阶段：第一阶段是1965—1973年，韩国主要作为美日半导体企业海外生产"飞地"的低端组装基地时期；第二阶段是1974—1982年，韩国国内开启向垂直一体化（IDM）模式发展，从半导体集成电路设计到流片、封装全流程制造的成型时期；第三阶段是1983—2012年，即以动态随机存储器为典型代表的超大规模集成电路研制生产时期；第四阶段是2012至今的多元新业务发展时期。

日本和韩国都是我们的近邻，都有着相似的东方文化背景，我们和他们在半导体领域发展起步的时间都不算晚，但与这两个近邻国家相比，我们在半导体集成电路技术与产业方面与他们还存在不小差距。尤其是在美日争雄环境下异军突起的韩国半导体集成电路技术与产业发展成功有很多地方值得我们深思。

风雨中的新加坡集成电路产业

狮城新加坡，一个美丽的东南亚花园岛国，毗邻马六甲海峡，面积724.4 km^2，人口560多万。新加坡是一个多元文化的移民国家，也是全球最国际化的国家之一。据全球金融中心指数（GFCI）排名报告，新加坡是继纽约、伦敦之后的第三大国际金融中心，也是亚洲重要的服务和航运中心之一。新加坡是东南亚国家联盟（ASEAN）成员国之一，也是世界贸易组织（WTO）、亚洲太平洋经济合作组织（APEC）成员经济体之一。

新加坡工业体系中以半导体集成电路为代表的电子产业以32%的比重遥遥领先于化工、交通、生物医药等其他产业，尤其是全球半导体集成电路产业排名前50的著名企业大都将研发中心或亚太总部设置在新加坡。我们也许会很奇怪：为什么这样一个国土狭小、人口不多、资源匮乏，甚至连饮用水都要依靠进口的东南亚岛国，能够吸引那么多世界一流跨国公司的目光？研究过新加坡历史、地理和经济，你会发现这些无疑都得益于新加坡拥有的优良务实的商业政策、和谐共融的多元文化、成熟良性的产业环境、平等开放的人才制度，以及得天独厚的深水港和便捷通达的交通枢纽，这些都成为了跨国公司青睐新加坡的"标配描述"。新加坡稳定的社会环境和完善的商业服务设施始终是新加坡政府给予跨国企业的重要承诺，再叠加新加坡提供的税收等方面的一系列优惠政策，这都对国外企业有着极大的吸引力。新加坡无论在经济条件、经商环境，还是在教育设施、生活保障及重要的地理位置等方面都是出类拔萃的。尤其值得一提的是，新加坡在打造亚洲国际交通枢纽方面，毗邻马六甲海峡成了新加坡手中的"定海神针"。摊开地图，当你的目光停留在马六甲海峡区域，一定会感觉得到马六甲海峡历来就是兵家必争之地，称之为"地缘之王"一点没错。马六甲海峡占据了全球海上贸易四分之一的份额，全球25%的油轮都要经过马六甲海峡，中国85%的油轮要经过马六甲海峡，马六甲海峡是国际贸易的货柜货物集散地，是世界海上运输的咽喉。凭借毗邻马六甲海峡独有的优势，新加坡经济战略委员会更是提出了提升本地技能、打造亚洲枢纽、加强研发成果商业化以及促进全球化文化交流等经济促进战略，打造新加坡港口成为亚太地区优良转口港，同时，也使新加坡发展成为世界物流中心、全球第四大国际金融中心。可见，新加坡占据了地理位置及交通枢纽的先天优势。这些天然地理资源的基础，给新加坡的电子产业，尤其是半导体集成电路产业带来了难得的发展机遇，新加坡政府清醒地意识到作为一个除了地理资源以外其他天然资源相对贫瘠的岛国，只有发展高附加值的创新科技产业才能让自己的经济获得长远发展。历经了40多年的历史沉淀及发展演变，新加坡矢志不渝坚持产业经济转型，从20世纪60年代的劳动密集型产业，一直到70年代的资源密集型产业，再到80年代的资本密集型产业和90年代的科技密集型产业，直至发展成为目前的知识密集型产业，新加坡一步一个脚印，筚路蓝缕完成凤凰涅槃式的转变，尤其是半导体集成电路产业在产业转型中突显的重要性，使新加坡政府更加重视高技术产业的发展。

1968年，美国国家半导体（National Semiconductor）在新加坡建立了首条封装和测试生产线，1987年特许（Chartered）半导体成立，新加坡特许半导体成为了继中国台湾地区的台积电后全球第二个采用半导体代工运营模式的企业。90年代末期，新加坡经济发展局（Economic Development Board；

EDB）发起成立群聚发展基金（Cluster Development Fund；CDF），支持具有创新潜力的公司萌芽生根，希望通过打造完整的高科技产业链吸引产生群聚效应，进一步提升竞争实力，更好促进新加坡半导体产业发展。提到新加坡半导体集成电路产业，新加坡自己打造的特许半导体是一定绕不过去的主角，虽然特许半导体几经沉浮最终改换门庭，但它对新加坡半导体集成电路产业发展的引领与典范作用，以及对世界半导体集成电路产业的贡献都将永远留在世界半导体发展史册上。

从新加坡中心城区往北驱车大约50分钟，就可以来到位于新加坡北部与马来西亚交接的兀兰（Woodlands），这里是新加坡著名的兀兰工业园区所在地，进入园区你会远远望见一大片白色的厂房，2010年以前在这片厂房的顶部你一定会看到特许半导体那醒目的蓝色标志，特许半导体曾是新加坡半导体产业的骄傲，更是新加坡人的骄傲。一个外国人从市区乘坐出租车去位于兀兰工业园的特许半导体，假如路不熟，没关系，你只要告诉司机两个单词"Woodlands""Chartered"，就一切搞定，出租车司机会轻车熟路地把你送到目的地（图5.3）。新加坡特许半导体是1987年由新加坡大名鼎鼎的国家国联资产管理机构淡马锡（Temasek）作为大股东发起建立的半导体集成电路晶圆代工公司，其建立宗旨就是打造一家世界级半导体集成电路晶圆代工厂。特许半导体一度是工艺技术先进、管理流程规范的全球第三大半导体集成电路晶圆代工厂。2004年3月，特许半导体进行第一次战略调整，将唯一位于新加坡南部科学园区（Science Park）、1989年投产的第一座6 in晶圆厂关闭，以便节省成本，其设备转售予中国无锡华润上华科技有限公司（CSMC），并将其他资源调整至最新的12 in工厂上，这样，特许半导体的所有工厂都集中位于北部的兀兰工业园，在园区内除了这座最新的12 in工厂外，还拥有4座8 in工厂，其中两座工厂为1998年与美国杰尔系统（Agere Systems，源自朗讯科技）合资的SMP和1997年与美国安捷伦科技（Agilent Technologies，源自惠普）合资的CSP。2004年初，特许半导体宣布与美国国际商业机器公司针对90 nm工艺节点扩大合作关系，这意味着特许半导体的工艺制程由微米进入了纳米时代。

在发展特许半导体的同时，为推动半导体产业的国产化，新加坡政府还在1991年成立新加坡国立微电子研究所（IME），通过承接政府以及国内外

图 5.3　位于新加坡兀兰工业园的原特许半导体公司（现为格罗方德公司）

企业的项目，提升新加坡本国的半导体设计和制造能力。不仅如此，新加坡国立微电子研究所还在促进产业合作、组织产业联盟方面起到了不可替代的作用。此外，为了支持半导体集成电路产业，新加坡政府还在20世纪90年代末建立起拥有20亿新加坡元的半导体产业发展基金。20世纪80~90年代，除特许半导体之外，新加坡还先后引入了50多家国外半导体集成电路公司，这些公司不仅把芯片测试和封装技术引入新加坡，更有像惠普那样在1980年率先把芯片设计中心设在新加坡，这是惠普在亚洲的第一个芯片设计中心。1985年，意法半导体成为第一个在新加坡建立晶圆制造工厂的半导体公司。1987年，惠普也在新加坡设立了第一个海外晶圆制造厂。1993年，由美国德州仪器、惠普和日本佳能等联合投资的动态随机存储器公司在新加坡建成，这些都带动了新加坡半导体技术与产业的升级。20世纪90年代后期，新加坡已经成为继美国、日本、韩国等国家和中国台湾地区之后的半导体集成电路产业重镇。来自新加坡经济发展局的报告显示，新加坡半导体集成电路产业相关企业数量到21世纪第一个十年末已经超过300家，分别来自北美、欧洲、日本等多个地区，其中包括40家IC设计公司、14家硅晶圆厂、8家特制晶圆厂、20家封测公司以及一些负责衬底材料、制造设备、光掩模等产业周边企业。

近年来，半导体产业竞争加剧，新加坡政府将目标逐步转向新兴服务业，开始半导体领域的大撤退，另一方面，中国近年来在半导体集成电路产

业的强力推进和迅速发展，相比之下，新加坡半导体产业发展相对滞后。新加坡长期坚持制造业比例不低于25%的产业结构，曾造就了新加坡半导体集成电路产业，尤其是制造业的辉煌。这些年来，由于半导体集成电路产业无论在技术，还是在市场等方面竞争都在加剧，又遇到新技术研发投入巨大，导致新加坡半导体集成电路产业利润下滑，促使新加坡政府开始大力提升战略性新兴服务业比例，比如IT和金融业，对半导体集成电路产业的重视和支持力度大不如前，产业结构比例逐渐下滑。2010年1月13日，曾经被新加坡人引以为豪并被世界半导体产业界所关注的特许半导体被美国格罗方德（Global Foundries）半导体公司以约40亿美元全资收购。格罗方德半导体是2009年由阿联酋阿布扎比先进技术投资公司（ATIC）收购了美国超微半导体（AMD）微电子制造部门后全资成立的半导体代工企业。这次并购代表着新加坡半导体集成电路产业一个时代的谢幕。今天假如你再到新加坡兀兰工业园，已看不见特许半导体特色鲜明的蓝色标志，远远望见的是格罗方德橙红色耀眼的标志。2016年5月，中国江阴长电科技公告以7.8亿美元完成收购也是由淡马锡控股的、当时全球第四大封测公司——新加坡星科金朋（STATS ChipPAC）。自此，新加坡半导体集成电路产业开始了战略大撤退，进入风雨期。

  不可否认的是，凭借特殊的地理位置、多元文化和良好的招商、经商环境，新加坡曾是最具全球化气氛的世界半导体集成电路产业中的一颗耀眼的明星。近来，新加坡政府针对当前半导体集成电路行业现状，又积极重新调整策略，推出规模数十亿美元的奖励方案吸引外商投资，同时大力发展智能制造，包括新一代自动化技术和物联网，以此带动半导体集成电路产业的再一次腾飞。

  新加坡半导体集成电路产业曾经的辉煌如圣淘沙海滩那一抹绚烂的晚霞已然消失在东南亚轻轻的海风中，明天的太阳依然还会升起，但带给人们的又将是怎样一幅景色呢？

第六章　宝岛"芯"云
——中国台湾地区集成电路产业发展历程

一场在小小豆浆店里的早餐对话，开启的却是一个区域关于半导体集成电路产业发展的规划布局；一个谦称自己56岁学吹打开始创业的传奇人物，创立的运营模式却影响了全球半导体集成电路产业格局；一群意气勃发远渡美国的年轻工程师，学成归来却白手起家创建起一个吸引了无数目光的科学工业园区……这些发生在昨天的故事，似乎离我们已很遥远，但又感觉就在眼前。这些发生在宝岛台湾的传奇故事虽然已成往昔，但其产生的效果却一直持续发酵到今天，这些效应不仅仍然深深影响着今天中国台湾地区半导体集成电路技术与产业的发展，也影响着今天世界半导体集成电路技术与产业的态势。

集成电路工程师的摇篮——"工研院"

宝岛台湾不仅仅由于地处热带、亚热带气候交界带，自然景观和生态资源丰富多元，更重要是在当今信息技术大发展的时代，它扮演着不可或缺的重要角色。中国台湾的半导体集成电路产值约占全球的20%，是仅次于美国，全球排名第二的半导体集成电路产业重镇。从设计、制造、封测、设备以及材料均有比较完整的产业链布局。今天，这座面积仅为3.6万 km^2 的"神奇宝地"，在全球半导体集成电路产业有着"举足轻重"的地位。

提到中国台湾的半导体集成电路产业演进历程，一定要提到一位促成中

国台湾地区半导体产业腾飞的"教父级"人物孙运璿。1969年,孙运璿出任中国台湾地区经济主管部门负责人,上任伊始孙运璿采取一系列措施,很快在1970年,中国台湾地区的对外贸易首次出现盈余。不过好景不长,1973年,中国台湾地区的经济陷入低谷,低劣的工业基础很难使经济复苏,在这样的大背景下,孙运璿下定决心推动工业技术转型。面对世界半导体集成电路产业发展状况,1973年,孙运璿以独到的见解,力排众议,提议效仿美国硅谷产学研模式建立电子工业研究中心,然而在立案讨论时却陷入了僵局,孙运璿提议该研究中心由中国台湾地区行政当局出资设立,但具体研发与运行则聘请专业人员来负责,持异议者认为行政当局出资但没有管理权,无异于"化公为私",先例一开将后患无穷,反对声一浪高过一浪,但孙运璿仍然坚持,经过与相关部门多次斡旋协调后,最终该提案勉强通过,同意成立电子工业研究中心,这就是今天台湾工业技术研究院,也就是常说的"工研院"的前身,孙运璿也因此被后人尊称为"工研院之父"。

"要用多久这个技术才能生根?"

"四年。"

"要花多少钱?"

"1000万美元。"

1974年2月,一个和往日看似没有多大差别的早晨,在台北市南阳街一家名为"小欣欣豆浆店"的早餐店里传出上面这段对话,提问者就是时任中国台湾地区经济主管部门负责人的孙运璿,回答问题的是当时在美国无线电公司(RCA)担任研究室主任的潘文渊,餐桌前除了孙运璿和潘文渊,还围坐着另外5位重要的行政和研究部门主管费骅、方贤齐、高玉树、王兆振和康宝煌。一场小小不起眼的早餐会真可谓群贤云集,当时中国台湾地区重量级人物都赫然在座,他们不为别的,就为寻求中国台湾地区半导体集成电路产业发展之策。在这顿热气腾腾的早餐会上,他们确立了两个愿景:一是中国台湾地区要成为电子表行业龙头;二是半导体集成电路产业要成为下一代支柱性产业。中国台湾地区半导体集成电路产业腾飞之梦就在这氤氲着豆浆的浓浓香气中勾勒出最初的轮廓。他们达成共识,先从美国寻求合作伙伴,并大力引进高端人才,以争取时效。潘文渊随即在台北圆山饭店闭门谢客,把自己关在房间里十天,专心起草《集成电路计划草案》,正是有了这份引导中国台湾地区半导

图 6.1 中国台湾"工研院"外景

体集成电路产业发展的最初纲要性指导文件,才有后来台湾工业技术研究院(台湾"工研院")的真正实施开动(图 6.1),才有与美国无线电公司合作的实现,以致才有了今天享誉全球的台积电、联华电子等半导体集成电路晶圆制造代工厂的横空出世。更重要的是,正是有了这份具有里程碑意义的文件,才造就了今天中国台湾地区如台积电创始人张忠谋、联华电子创始人曹兴诚、联发科创始人蔡明介、华邦电子创始人杨丁元等一批灿若星空的半导体集成电路产业重量级人物的汇聚。此后,潘文渊在美国召集海外学人组成电子技术顾问委员会(TAC),并审慎遴选美国无线电公司作为技术转移的合作伙伴,最终选定引进集成电路中的互补金属氧化物半导体(CMOS)技术,并推动在"工研院"落地,把"工研院"作为"集成电路计划"的执行单位。1976 年,一个由 19 名年轻的"工研院"工程师组成的进修团队赴美国无线电公司接受培训,学成归来后,他们中一些人如联发科董事长蔡明介、联电董事长曹兴诚、华邦电子董事长杨丁元、创惟科技董事长王国肇、台积电副董事长曾繁城等都成为日后半导体集成电路行业有影响力的代表人物(图 6.2)。

图 6.2 1976 年中国台湾"工研院"赴美国接受培训的工程师团队

1977年10月,"工研院"打造的中国台湾地区首座集成电路示范工厂正式落成启用,当初赴美接受技术培训的人才返台刚好投入生产研发,示范工厂采用7.5 μm工艺技术,产品合格率在中试的第6个月已经高达70%,比技术转移的源头美国无线电公司的合格率还好,技术转移效果超乎预期。由于示范工厂营运成效良好,为将技术实现规模产业化,"工研院"决定在1980年以衍生公司的方式,设立第一家半导体制造公司联华电子(UMC),并将4 in晶圆技术以及研发团队一并转移给联华电子进行研发制造(图6.3)。1984年"工研院"接下"超大型集成电路(VLSI)计划",自行投入研发,1985年邀请曾任美国德州仪器全球副总裁的张忠谋担任"工研院"院长。1986年在"工研院"第一座6 in集成电路实验工厂正式建成,为发挥实验工厂的经济效益,在张忠谋等人的建议与推动下,1987年衍生成立由张忠谋亲自担纲的中国台湾集成电路制造公司(TSMC,台积电),并将VLSI计划的设备与相关人员移转到台积电实现规模化生产,张忠谋也由此在世界上首创专业的晶圆代工模式。由于"工研院"的技术孵化与支持,台积电很快发展成为全球举足轻重的晶圆代工厂,并引导世界半导体集成电路产业生态逐步走向垂直化分工模式。进入20世纪90年代,随着个人电脑快速成长,负责数据处理及运算的动态随机存取存储器(DRAM)需求大增,中国台湾地区在1990年由"工研院"负责执行"微米计划",邀请当时在美国贝尔实验室任职的卢志远担任计划负责人,负责研发随机动态存储器制造技术,前后用了4年半的时间,最终研发出0.5 μm、8 in晶圆工艺加工技术。自此,中国台湾地区的半导体集成电路产业从当年小小豆浆店昂首跨步跻身世界一流方阵,中国台湾"工研院"也被称为中国台湾地区半导体人才的"黄埔军校"、集成电路工程师的摇篮。

图6.3 台湾联华电子公司外景

培养芯片的沃土——新竹科学园区

从台北驱车行驶约 1 个小时左右即可来到位于东北 70 km 的新竹市，蜚声海内外的新竹科学工业园（Taiwan Hsinchu Science Park）就坐落于此。纵横中国台湾南北的高速公路和铁路从园区旁穿过，北可上台北、基隆，南可下台中、台南和高雄，至桃园国际机场开车只需 40 分钟路程。园区西侧与台湾清华大学、台湾交通大学等中国台湾地区著名的学府毗邻，附近还有中国台湾工业技术研究院和精密仪器发展中心、天然气研究所等重要应用研究和科技开发机构。园区内汇聚了集成电路、计算机、通讯、光电、精密机械、生物技术六大产业，是高科技基地，也是高技术人才的大本营。

20 世纪 70 年代初，中国台湾地区的出口导向型经济受到了很大冲击，为了弥补加工出口外销产品国际竞争减弱状况，促进工业升级、产业结构变革，以及推动经济发展战略调整，行政管理部门遵循"二高二低二大"原则，从技术密集度高、附加价值高、能源密集度低、污染低和关联度大、市场潜力大为特征的产业中，筛选出机械工业和信息产业为"策略工业"，并围绕"策略工业"发展，选择建立科技园区来促进产业转型。1976 年，以硅谷为范本规划建立科学工业园区，汲取斯坦福大学工业园的经验，科学工业园区选址在台湾清华大学、台湾交通大学、"工研院"等大学、研究机构聚集的新竹市。

新竹科学工业园区与美国硅谷有着密切的人员和技术往来，当年建园初衷之一，就是为了吸引在美国创业的中国台湾地区企业家回台，支持中国台湾地区高科技产业的发展。这些从硅谷回归的海外人才扮演着"桥梁纽带"的角色，向中国台湾地区半导体集成电路产业传播新技术与新经营方式，积极推动中国台湾地区企业结构模式的转变，形成专业分工明确、垂直分离有效的符合全球化半导体集成电路制造实现新模式。园区内形成了完整的集成电路产业链，是全球半导体制造业最密集的园区之一。为了促进产学研政的融合发展，园区内设立有包括同业公会、律师事务所、会计师事务所、管理顾问公司、银行金融机构等在内的各类从事高端服务业的机构，这些保障服务机构不仅为园区内企业提供资金、技术、人才、信息等创新要素服务，还

为企业与企业之间、企业与行政管理部门之间的沟通协调,以及企业员工的公共福利等方面需求提供服务工作。通过新竹科学工业园区的集聚效应,将半导体集成电路产业上中下游相关企业聚集在相邻的地理区域里,形成联合产业群,如同一个"虚拟大公司",随时可以将各个"部门单位"整合起来,投入各自擅长和专精的领域,用更高效率的方式协作完成相应任务,从而壮大了整体产业的实力,形成弹性高、速度快、定制化、低成本的合作机制。新竹科学工业园区被称为"中国台湾的硅谷",是中国台湾地区高科技产业的孵化基地。

全球晶圆代工的引领者——台积电

今天如要谈论对世界半导体集成电路产业具有影响的人物,一定不会少了张忠谋这个名字。张忠谋1931年出生于浙江宁波,生于战乱年月的张忠谋是在随父母不断辗转南京、广州、重庆、上海、香港等地躲避战乱中长大的,1949年饱经战火离乱但从没放弃学习的18岁张忠谋远赴美国波士顿就读哈佛大学,当年入学时全校1000多名新生,张忠谋是唯一一名中国学生,次年转学到美国麻省理工学院,专攻机械工程,并于1952年获美国麻省理工学院机械工程硕士学位,硕士毕业后,张忠谋本想接着攻读博士学位,遗憾两次申请都被拒绝了。博士申请没成功,张忠谋便开始申请求职,结果得到了福特(Ford)汽车和西凡尼亚(Sylvania)两家公司的录用通知书,机械专业毕业的张忠谋更愿意到大名鼎鼎的福特汽车工作,但一个小插曲改变了张忠谋的选择,也改变了他后面的人生。因为福特给出的薪资待遇比西凡尼亚的少1美元,年轻气盛的张忠谋打电话给福特公司的面试官要求提薪,但被毫不客气地拒绝了,一气之下张忠谋扔下福特公司的录用通知书选择了西凡尼亚这家半导体公司,从此与半导体集成电路行业结下了一生的缘分。由于这1美元的阴差阳错,给世界半导体集成电路产业送来一份厚礼。对于学机械工程的张忠谋来说,半导体完全是陌生的,为了适应这个新的技术,他白天上班,晚上拼命学习半导体专业知识,学习能力超强的张忠谋在进入西凡尼亚大约一年后,成了半导体的行家里手,并被提升为公司研发部科长,在半导体领域逐渐游刃有余后,张忠谋觉得西凡尼亚的平台太局限,决定离职

去闯荡一片更广阔的天地。1958年，27岁的张忠谋加入老牌美国半导体公司德州仪器公司，成为德州仪器的第一名中国员工，并且在德州仪器一做就是25年，其间公司还因为赏识他的能力送他到斯坦福大学攻读了博士学位，最后张忠谋凭借其聪明才智和不懈努力一步步升任到德州仪器主管全球半导体业务的资深副总裁，成为德州仪器第三号人物。1983年张忠谋离开服务了25年之久的德州仪器，到通用仪器公司出任总裁，其间，张忠谋的一个朋友找他想合作成立一家半导体集成电路制造工厂，说好先由朋友规划个方案，谁知后来左等右等，这个朋友都没再来找他，后来才知道朋友找到了愿意接单生产的制造工厂，不需要再自己建厂。建立制造厂虽然没有合作成，但是这件事让张忠谋明敏锐地意识到接订单生产制造集成电路芯片是一个可以运作的方向，这为日后张忠谋创立晶圆代工模式埋下了火种。1985年张忠谋应邀回到中国台湾地区出任台湾工业技术研究院院长。1986年，台湾工业技术研究院与飞利浦电子（Philips）签订技术合作协议，由张忠谋亲自带领台湾工业技术研究院的一群工程师开展中试工作。1987年，由这条中试工艺线衍生成立中国台湾集成电路制造公司，也就是今天享誉全球的台积电，也由此诞生了世界半导体集成电路产业的新模式——晶圆代工。这一年，张忠谋56岁，在快退休的年龄开启了创业之旅，日后每每谈起这段创业经历，这位半导体前辈都谦称自己是56岁学吹打……

公司成立后，张忠谋提出了"代工"经营模式，这在当时是一件不可想象的事情，因为那时候没有独立的半导体设计公司，也没有专门进行集成电路加工制造的公司，所有的半导体企业都是自己设计芯片，在自有的制造生产线上生产，最后还自己完成芯片测试与封装，采取的都是一体解决的集成器件制造（IDM）模式。这次，张忠谋领导的新公司决定要闯出一条前人没有走过的新路，建立一种新的运营模式。不巧的是，新公司成立之处正好赶上当年半导体市场低迷的时候，公司一二年之内都没什么订单，生存的压力和运营困难一下子全压了上来，周边闲话四起，几乎没有人看好张忠谋提出的晶圆代工新模式，但张忠谋不为所动，独具慧眼认定晶圆代工这一新型运营模式一定会是未来一种商业发展方向。张忠谋和刚刚上任的总经理戴克一起，通过私人交情将老朋友、英特尔的安迪·葛洛夫（Andy Grove）请到台积电考察，寻求与英特尔的合作，经过一年多的磨合，台积电终于拿下了英特尔的认证，也顺利拿到了为英特尔代工的订单，拿到巨头英特尔的订单，等于拿到世界认证。因为专注于晶圆代工，台积电的生产周期比其他传统半导体公司生产周期都短。至此，张忠谋开创的晶圆代工时代到来了，这一模式打破了当时世界绝大多数半导体集成电路企业包揽从设计到制造一条龙的IDM模式，真如张忠谋所言："我的公司不生产自己的产品，只为半导体设计公司制造产品。"

台积电创立的晶圆代工运营模式，不仅改变了半导体集成电路生产运作格局，更带动了整个半导体集成电路产业的多元发展，台积电把晶圆代工逐步演变成一种技术依赖度很高的业务模式，这也成就了更多有理想的半导体创业者扬其所长得以进入半导体集成电路领域。张忠谋倡导的有别于以往一体解决的集成器件制造（IDM）模式的晶圆代工理念，正如哈佛大学著名管理学教授迈克尔·波特（Michael E.Porter）高度称赞的那样，"台积电不但创造了自己的产业——半导体制造代工业，也创造了客户的产业——半导体设计产业。"台积电无愧为全球半导体集成电路产业典范和晶圆代工的引领者（图6.4）。

图6.4 台湾台积电公司外景

第七章 砥砺前行
——中国大陆集成电路产业发展历程

  1956年，新生的共和国吹响了"向科学进军"的号角，在制定的十二年科学发展规划中，高瞻远瞩地将全力开展半导体科学研究列为战略目标，半导体技术被明确列为国家四大紧急措施之一。自此，中国[*]的半导体学科建设、技术研究、工程实现拉开了序幕，从五校联合培养新中国自己第一批半导体人才、拉出第一根半导体单晶，到晶体管和集成电路研制成功并应用到重大工程装备中，从1956年到1978年，22年的漫漫岁月里，中国的半导体事业是在几乎没有国外援助的情况下白手起家、自力更生，一点一滴做成的，在这背后托起这项伟大事业的是一群满含家国情怀的卓越科学家，他们放弃了名利，放弃了国外优渥生活，几十年如一日，心无旁骛，默默奉献，推动着中国半导体事业一路前行。改革开放后，更有一批富有理想抱负的建设者接过前辈的接力棒，以世界高度，国际视野，开展开放合作，引进技术和人才，目标只有一个，那就是赶上世界先进水平，在世界集成电路舞台上不能没有中国。历史不会淹没，共和国更不会忘怀，60多年风雨兼程，中国半导体事业浸透了成千奋斗者的汗水，融入了无数优秀儿女的情怀，从困难中起步，从失败中站起，从成功中再出发，筚路蓝缕，矢志不渝，一路走来，今天中国半导体集成电路产业前行的步伐更加坚定。

---

  *注：本章中涉及"中国"一词，特指中国大陆。

世界集成电路舞台中国大陆不可缺席

随着经济全球化的迅速展开，中国经济持续保持着长期稳定发展的势头，在世界经济中的地位持续上升。国际政治与地域经济格局变化，给中国经济发展带来了挑战，也带来了新的机遇。近年来，中国经济实现了新的突破，国内生产总值跃居世界第二，成为促进世界经济发展的重要力量，中国对世界经济的影响日益显著，今天的中国经济，以其高速增长、规模扩大和全球占比不断提高的态势，对世界经济产生越来越大的影响。中国除了以产品产出的方式对世界经济做出贡献之外，更是以实际经历的改革开放经验和促进发展理念，以及对发展的有益见地与建设性建议，对世界经济发展产生了积极的影响。中国并不谋求世界经济霸权，但是作为世界第二大经济体、第一大工业国、第一大货物贸易国以及第一大外汇储备国，中国义不容辞反映自身及广大发展中国家特别是新兴经济体关于国际经贸规则的诉求，进一步引领全球化治理方式的转变。从统计数据看，有或者没有中国经济这个巨大的快速增量，对世界经济增长的稳定性来说是迥然不同的，这让世界看到一个更加开放、强大、自信的中国。

半导体集成电路是"现代工业种子"，是现代信息技术与产业发展的基石。国家统计局进出口数据表明，中国每年半导体集成电路产品进口金额超过3000亿美元，是超过石油等产品的最大宗进口商品，并且数量与金额都有不断增长的趋势。再客观细分一下，去除这3000亿美元进口额中进口元器件在中国进行整机终端组装再出口这部分来料加工份额，权威统计还有约1900亿美元，中国可以供给的仅占19%。这说明，一方面中国对半导体集成电路产品市场刚性需求强劲，另一方面中国半导体集成电路产业供给能力还有很大差距，存在巨大的发展空间，这在有效统筹国内、国际"两种资源""两个市场"，做好"两个循环"大前提下给中国和世界都创造了机会。半导体集成电路产业链从上游、中游的设计、制造、封装、测试、设备、材料、EDA等与产品开发实现有关的节点，到下游与系统应用有关的终端实现等节点，产业链很长，涉及面很广，非常多元化，世界上几乎没有一个国家仅靠一己之力完全能够掌控，一定需要进行互补协作。

在世界半导体发展漫漫长河中我们也可以看到萨支唐、施敏、黄昆、谢希德、张忠谋、林本坚、胡正明等一连串辉煌的华人名字，他们为世界半导体集成电路技术与产业发展奉献了大量智慧，做出了不可磨灭的贡献，我们也可以在世界几乎所有半导体公司都可以看到中国人的身影。近年来，从国家战略、发展规划到产业布局，半导体集成电路在任何场合都是一个关键热词，中国对推动半导体集成电路的决心与力度不言而喻。

中国快速发展的经济需要以半导体集成电路技术与产业为支撑的新一代信息技术产业的迅猛发展，半导体集成电路多元绵长的产业链和中国巨大的市场需求也需要世界半导体集成电路技术与产业参与，中国力度强大的推进政策和雄厚的金融资金，以及丰富多元的各类人才都将会有力助推世界半导体集成电路技术与产业的发展和进步。纵观全局，今天，自信、开放的中国需要加入世界半导体集成电路大家庭，世界也需要与具有巨大发展潜力和广阔应用市场前景的中国合作，世界集成电路舞台中国不可缺席。

探索中艰难前行

拂去历史的烟尘，翻开厚厚的中国半导体发展史，翻动的每一页都是那么沉甸甸，这是因为每一页都满满融入了前辈们的理想信念，每一页都显现着奋斗者们坚定前行的步伐。中国半导体发展史是一部充满家国情怀的爱国史，是一部坚韧不拔的奋斗史，更是一部薪火传承的群英谱，在这些为中国半导体事业做出巨大贡献的前辈中，让我们首先向两位培养了中国第一代半导体"火种"，带领中国半导体事业白手起步的科学家致以最崇高的敬意。

1999年第14届教师节庆祝晚会会场，华灯映照下的宽大舞台上缓缓走来一位瘦弱的长者，当主持人问这位长者："50年代，是什么力量使您冲破了重重阻挠，毅然回国，投身于社会主义建设事业？"这位长者面对台下的教师代表和年轻的学生们，对着话筒，一字一顿深情地说："我——爱——中——国！"台下顿时响起如雷般经久不息的掌声，向台上这位不顾年少疾病留下的腿疾，坚守三尺讲台教书育人半个世纪的女教授；向这位一生五次与癌症交锋，抗争34年，却从未低头屈服，仍始终关注着世界科学发展和技术未来的女科学家；向这位引领大学教育坚持走在开放、包容学术前沿的女校长致以深深的敬意。舞台中央的这位长者就是中国著名固体物理学家、教育家、中国半导体物理学科和表面物理学科开创者、中国科学院院士、第三世界科学院院士、新中国成立后第一位大学女校长，被誉为中国半导体之母的复旦大学老校长谢希德先生。

1921年3月19日，谢希德先生出生于福建省泉州市，自幼便聪慧过人，学习优异。1946年，谢先生从厦门大学物理系毕业。1947年被美国著名的史密斯女子文理学院录取，在这所位于美国马萨诸塞州小城北安普敦美丽宁静的校园中谢希德先生一边做助教，一边攻读研究生，1949年夏，谢希德先生以题目为《关于碳氢化合物吸收光谱中氢键信息的分析》的论文通过答辩，获得硕士学位。由于史密斯学院的物理系不培养博士生，1949年秋，谢希德先生来到世界一流的高等学府麻省理工学院（MIT）攻读博士。有趣的是，当年张忠谋两次申请就读MIT博士学位，都没有被批准，阴差阳错使得学机械工程的张忠谋来到半导体公司西凡尼亚（Sylvania），从此与半导体结缘，麻省理工学院（MIT）一正一反两个结果最终却造就了海峡两岸两位极具世界影响力的半导体大师。谢先生在阿利斯和莫尔斯教授的指导下，1951年以《高度压缩下氢原子的波函数》的博士论文顺利通过答辩，获得理学博士学位。博士毕业后不久，谢先生得到新中国成立这一令人振奋的消息，先生心情激动，难以自抑，经过思考毅然做出放弃美国一切优厚待遇回祖国的决定。当时美国政府发布了一项规定：凡在美国攻读理工科的中国学生，一律不许返回中国大陆，这使得谢先生的回国之路受到阻碍，但回国报效国家的决心却一直在心中不断激荡着。谢先生与当时在英国留学的自小一起长大的恋人曹天钦商定，由她以结婚的名义，从美国去往英国，随后再从英国取道回国。经过多方努力，在享誉世界的科学技术史学者李约瑟博士（Joseph Terence Montgomery Needham，1900—1995年）的鼎力帮助下，1952年5月，谢先生提着简单的行李在纽约哈德逊港登上了当时英国最大的邮船"伊丽莎白王后"号前往英国。谢希德和曹天钦两位先生在离别六年后终于在英国又重逢了，在李约瑟博士的精心安排下，他们在剑桥大学南边的萨克斯德大教堂举行了婚礼。1952年8月底，谢希德和曹天钦两位先生在老朋友的送行下，告别剑桥，然后在英国南部的南安普敦乘"广州"号海轮离开了英国，经过苏伊士运河、印度、新加坡、吉隆坡，历经一个月到达香港，1952年10月1

日终于抵达上海，这天正好是新中国的第四个国庆节，马路上兴高采烈庆祝游行的队伍深深地感染着谢希德和曹天钦两位先生，两位先生后来都为中国和世界科学发展做出了杰出贡献，谢先生成为中国半导体科学和国际合作的开拓者，曹先生成为中国人工合成牛胰岛素的重要组织者。

　　谢希德先生很快就进入复旦大学物理系任教，先后主讲6门基础课和专业课，面对教学和教材空白，谢先生亲自编写了一系列教材和讲义，合理组织课程内容，结合实际讲课，由浅入深，条理清晰，使学生们受益匪浅。在她努力下，1955年又开设了固体物理课程，这些都为中国半导体物理学科发展奠定了基础。1956年5月，谢先生光荣加入了中国共产党。此后，谢先生同方俊鑫先生合作，编写了《固体物理学》（上、下册）一书，由上海科学技术出版社出版，深受国内各大学师生欢迎。20世纪80年代，这部书重新修订，谢先生增写了《非晶态物质》一章，保持原书特色，既系统讲述本学科的基础内容，又介绍各主要分支的发展概况，1988年被国家教委评为优秀教材。谢先生常说，"科学研究真正需要的是发展思维、发展远见和始终如一的发展勇气。"在一课一书进行半导体学科建设与专业基础人才培养的同时，谢先生又白手起家，1958年创办了中国科学院上海技术物理研究所，并任副所长（1958—1966年），探索中国半导体技术研究方向与方法，在她精心指导和组织下，坚持应用技术和基础研究并重，为中国半导体产业发展以及开展基础研究创造了必要的条件，培养起一支队伍。20世纪60年代初，国际上半导体硅平面工艺兴起，她和黄昆先生敏锐地看到这将促进半导体物理和技术应用的迅猛发展，联名建议开展固体能谱研究。在1977年底的全国自然科学规划会上，谢先生做了关于半导体表面态专题报告，以翔实的材料说明在固体物理、材料科学和量子化学之间正在形成新的边缘科学即表面科学，其基础是包含表面原子成分、表面原子结构和成键性质，以及表面电子态和各种特殊物理性质的表面物理研究，并阐明表面物理同半导体技术重要关系，谢先生以她敏锐的科学洞察力和深厚的物理学养，提议开展半导体表面态研究，并建立起中国第一个以半导体表面物理为研究重点的研究所。进入20世纪90年代，针对世界集成电路自动化设计发展趋势，谢先生又积极支持和推动国内第一所开展集成电路设计与相关系统研究的国家重点实验室——复旦大学专用集成电路与系统国家重点实验室的建立，为中国进一步探索和发展现代半导体科学和集成电路技术奠定了扎实基础。

黄昆先生,作为中国半导体事业的开拓者之一,和谢希德先生一样用自己人生中最美好的时光,克服内外种种艰难困苦,坚持不懈探求着中国半导体事业的发展之路,培养了一代又一代半导体科学的栋梁之才,推动中国的半导体事业从无到有,由小到大,不断发展。

1944年黄昆先生和同学杨振宁、张守廉一起从西南联大研究生毕业,1945年10月,黄昆先生在英国布里斯托尔大学师从著名的理论物理学家、诺贝尔奖获得者莫特(N.F.Mott)教授,并把自己的研究方向选定为固体物理学,他是第二次世界大战结束后莫特教授招收的第一个博士生,进入莫特教授实验室几个月后,初出茅庐的他就完成了题为《稀固溶体的X光漫散射》论文,大胆提出了关于杂质和缺陷X光的散射理论模型。20年后,德国科学家在实验室中证实了先生的理论预言,由此国际学术界把这个散射理论模型称之为X光"黄散射"。1947年,在完成博士论文后,先生受邀来到爱丁堡大学马克斯·玻恩(Max Born,1882—1970年)教授处工作,玻恩教授是量子力学的创始人,也是晶体原子运动系统理论的开创者。工作中,玻恩教授发现黄昆先生专业精通,见解深邃,于是便将用量子力学阐述晶格动力学理论的《晶格动力学》专著撰写重任交给了先生。除了撰写《晶格动力学》这本著作,这段时间先生还连续完成了两项开拓性的学术研究工作。一项是提出著名的"黄方程"和"声子极化激元"概念,另一项是与后来成为先生夫人的里斯(A.Rhys,中文名李爱扶)共同提出的"黄—里斯理论"。黄昆夫妇在1950年合写的论文,至今仍是这个领域的许多科技工作者必引的经典文献。

1951年底,黄昆先生怀着报效祖国的赤子情怀,放弃了个人科学生涯中获得重大成就的机遇和国外的优越生活,满腔热忱毅然回到自己深爱的祖国,就任北京大学物理系教授。在北大任教期间,先生参与创建了中国第一个半导体物理专业,为中国半导体领域培养了大批人才。1977年秋天,黄昆先生来到中科院半导体研究所工作,针对当时国际上在多声子无辐射跃迁理论中出现的疑难问题重新开展研究,提出了著名的"黄–朱模型",并创建半导体超晶格国家重点实验室,开辟了中国在材料科学和固体物理学中崭新的研究领域。2001年,国家授予黄昆先生最高科学技术奖。从"黄散射"到"黄方程",从"黄—里斯理论"到"玻恩和黄",以至"黄—朱模型",黄昆先生在半导体物理、固体物理学发展史上建立了一块块里程碑，他的著作《固体物理学》《晶格动力学》等，一直是半导体科学与技术工作者案头的经典著作。

1956年对中国半导体技术与产业领域而言是个具有里程碑意义的标杆年份，这一年，在周恩来总理亲自主持下，国家制订了《1956—1967年科学技术发展远景规划纲要（修正草案）》（简称《12年科技发展远景规划》），这标志着新中国成立后的第一个科学技术发展远景规划进入全面实施阶段，规划中高瞻远瞩地确定把半导体作为一门新兴学科加以建立和发展，明确提出中国也要研究发展半导体科学，把半导体技术列为国家四大紧急举措之一。这一年，在中国首都北京，谢希德先生和黄昆先生这两位极具影响力和深厚学术造诣的半导体科学家汇合在北京大学，他们受国家重托，要在这里开设半导体专门化培训班，对北京大学、复旦大学、吉林大学、南京大学、厦门大学五所高校选取的学生在半导体理论和技术方面开展专门培训工作，培养新中国半导体的首批专门科技人才。这一年，意味着新中国的半导体事业真正纳入国家发展战略，中国的半导体事业在这一时刻正式启程……

这期间，黄昆先生任教研组主任，谢希德先生任副主任。他们通力合作，于1958年撰写了一部由科学出版社出版的半导体经典专著《半导体物理学》，这在当时国际上也是一部学术水平非常高的权威性著作。北京这个由300多人参加的共和国第一个半导体培训班，在中国半导体事业发展的历史长河中无时不在闪烁着光芒，从这个培训班中走出了中国科学院院士王阳元、中国工程院院士许居衍、原电子工业部总工程师俞忠钰等一大批支撑起新中国半导体事业蓝天的中坚力量。

在黄昆、谢希德、吴锡九、黄敞、林兰英、王守武、王守觉、成众志等一大批满含情怀的世界级半导体科学家的推动努力下，我国的半导体事业以1956年为起点，开始了此后的风雨里程。当时在两个方向上集中精兵强将同时发力，在人才培养方面，有谢希德、黄昆两位先生主导的五校学生在北京进行半导体集训；研究方面，则将研究人员集中在一起，成立了中国科学院应用物理研究所半导体研究室，由王守武先生负责。在王守武先生的极力推荐之下，博士毕业归国的林兰英先生也来到半导体研究室，林先生从零开始、埋头研究，将全部精力投向半导体材料研究领域。在林兰英先生带领下，1957年秋天，中国科学院应用物理研究所半导体研究室成功拉制出中国第一

根锗单晶，林先生当年从海外带回无偿捐献给国家的单晶籽晶发挥了重要作用。同时，由王守武先生领导的中国科学院应用物理研究所半导体研究室和第二机械工业部（二机部）十局第十一研究所武尔桢先生负责的小组相继研制出锗点接触二极管和三极管。1958年，北京电子管厂用锗晶体管生产出我国第一批半导体晶体管收音机。1958年初秋，林兰英先生带领团队又成功研制出中国第一根硅单晶，半导体单晶材料的研制成功为我国建立完整的、具有独立自主核心技术的半导体工业体系打下了坚实基础。为了加强半导体基础研究和技术开发，1960年，中国科学院在北京成立了半导体研究所，1963年，当时的国家第四机械工业部（四机部）在河北重镇石家庄建立起1956年发源于北京的半导体技术专业化研究所——第十三研究所，即今天的中国电子科技集团公司第十三研究所（河北半导体研究所）。到20世纪60年代初，中国半导体器件开始工厂化生产，此时，国内进行半导体器件专业生产的工厂已发展到十几个。当时北方以北京电子管厂为代表，生产了Ⅱ-6低频合金管和Ⅱ401高频合金扩散管，南方以上海元件五厂为代表，生产开关晶体管和逻辑电路。1962年，天津拉制出砷化镓单晶（GaAs），为研究制备其他化合物半导体打下了基础。1965年12月，河北半导体研究所（石家庄第十三研究所）召开鉴定会，鉴定了第一批半导体晶体管，并在国内首先鉴定了DTL型（二极管—晶体管逻辑）数字逻辑电路。1966年底，上海元件五厂也鉴定了TTL（晶体管—晶体管逻辑）数字逻辑电路产品。虽然这些属于小规模双极型数字集成电路，但这标志着中国经过艰难摸索已经具备设计和制造半导体集成电路能力。同一时期，中国科学院在半导体所之外又建立了一所实验工厂，取名109厂（后改建为微电子中心），它所生产的开关管，供中国科学院计算研究所研制第二代计算机用，此后在北京有线电厂等工厂批量生产了DJS-121型锗晶体管计算机，速度达到1万次以上。接着还研制出采用硅开关管，速度更快的108机，以及速度达28万次、容量更大的DJS-320型中型计算机。在发展双极型集成电路不久，国内也开始研究金属-氧化物-半导体（MOS）集成电路。1968年，上海无线电十四厂首家研制成功P型金属-氧化物-半导体（PMOS）集成电路，拉开了我国发展金属-氧化物-半导体（MOS）集成电路的序幕。20世纪70年代初，四川永川半导体研究所（现中国电子科技集团公司第二十四研究所）、上海无线电十四厂和北

京878厂相继研制成功N型金属－氧化物－半导体（NMOS）集成电路，之后，又研制成互补型金属－氧化物－半导体（CMOS）集成电路。中国半导体事业在20世纪50~60年代，发扬自力更生精神，在一大批像黄昆、谢希德、吴锡九、黄敞、林兰英、王守武先生这样从海外归来，既有爱国心，又有世界学术水平和眼光的半导体科学家带领下，白手起家，从人才培养、基础研究、技术推进等多方面合力推动中国半导体技术与产业发展。

进入20世纪70年代，中日和中美先后实现邦交正常化，中国半导体集成电路产业开始进行国际合作，技术引进更加广阔，那时我国从日本、美国引进多条半导体集成电路制造生产线，这不仅促进了我国半导体集成电路产业发展，更使我们有机会了解世界半导体集成电路状况，学习到先进技术，开阔了眼界，提高了国内半导体集成电路技术水平。当时，把这些引进的半导体集成电路生产线称为"引导线"。

迎来全面改革开放的20世纪80年代，引入竞争，开放市场，整个国家的治理和经济出现新气象。为了缩小与国外差距，国家启动半导体集成电路重大专项工程——"531工程"和"908工程"的实施。1986年，国家电子工业部在厦门主持召开的集成电路发展战略研讨会上提出"七五"期间我国集成电路技术"531"发展战略，即"工艺技术普及5 μm，开发3 μm，攻关1 μm"的"531工程"。

上海作为改革开放桥头堡先行先试，尝试与国外先进半导体企业开展一揽子合作计划，加快技术进步，带动人才培养。1988年9月，以上海无线电十四厂整体技术改造和产品引进为建设目标与比利时达成合作协议，成立了国内第一家中外合资半导体集成电路公司——上海贝岭微电子制造有限公司（简称上海贝岭），上海贝岭在从比利时引进当时在国内属最先进的3 μm CMOS工艺制造生产线的同时，又从比利时贝尔公司引入当时先进的程控交换机集成电路产品，这一试点打开一种即引进先进制造技术，又导入相应产品的合作新模式，这在当时不仅提升了国内半导体集成电路工艺技术能力，也提高了终端产品的技术水平。日后，上海贝岭成为国内第一家上市的半导体集成电路制造企业。差不多同时，1988年10月，在上海元件五厂、上海无线电七厂和上海无线电十九厂联合搞技术引进项目的基础上，从荷兰飞利浦公司引入当时国内最先进的双极型工艺技术，组建成中外合资公司——上海飞利浦半导体公司（亦即后来的上海先进半导体制造股份有限公司），成为国内当时双极型半导体集成电路最先进的制造企业。这两个中外合资半导体公司的成立和运行，取得了显著的成效，由此也摸索出一条中外合资的半导体集成电路产业发展之路。1989 年 2 月，国家机械电子工业部在无锡召开"八五"集成电路发展战略研讨会，提出了"加快基地建设，形成规模生产，注重发展专用电路，加强科研和支持条件，振兴集成电路产业"的发展战略。1990 年，决定启动以无锡华晶公司为主体的中国发展集成电路的第 8 个五年计划国家级集成电路工程——"908 工程"，这项重大工程旨在打破 1965 年到 1990 年以来我国半导体集成电路产业自主发展和建设困境，准备在当初并不富裕的中央财政中集中拨款投资 20 多亿元，在无锡华晶建成一条月产 1.2 万片晶圆、6 英寸、工艺水平达到 0.8~1.2 μm 处于当时世界先进水平的工艺生产线，并带动电子整机产业联动发展（图 7.1）。经过这一系列发展，我国半导体集成电路年产量终于迈过了 1 亿块门槛，进入半导体集成电路产业的大生产阶段，但中国半导体集成电路发展在探索中艰难前行的任务还很重，面临的挑战还很多，路还很长。

图 7.1　无锡华晶"908 工程"工厂

新时代的赶潮者

1995 年 12 月，中央经济工作会议在北京召开，经过讨论达成共识，一定要加快发展我国集成电路产业。1995 年 12 月 13 日国务院办公会决定，20

世纪 90 年代中国第 9 个五年计划之中，国家发展半导体集成电路（微电子）产业重点工程正式启动，这个具有历史意义的工程被命名为"909 工程"。"909 工程"的建设投入是中国电子工业有史以来投资规模最大、技术最先进的一个国家项目，整个项目投资 100 亿元，目标建设一条 8 in 晶圆、从 0.5 μm 工艺技术起步的集成电路工艺制造生产线。1996 年 3 月 29 日，国务院正式批准"909 工程"项目立项，4 月 9 日，具体承建"909 工程"的上海华虹微电子有限公司正式成立，11 月 27 日，上海华虹微电子有限公司超大规模集成电路项目奠基仪式在上海浦东金桥开发区举行。这项体现国家意志、投资总额超过了新中国成立以来所有半导体集成电路项目投资总和的工程，从一开始，就把"以不断升级的产品线为基础，以自主设计开发产品、建立全球市场营销网络和高水平的经营管理队伍为依托，建设集芯片设计、制造和销售为一体，并与整机发展紧密结合的中国微电子行业大型跨国企业集团"作为项目建设核心思想。

  1996 年，时任电子工业部部长的胡启立同志亲自兼任华虹董事长，直接主持"909"工程建设，并由电子工业部、上海市人民政府共同成立"909 工程"推进委员会。工程建设之初并不被外人看好，甚至被一些外国人嘲笑为"中国人以为有了钱就能搞半导体"，搞"错位"了，建设过程中，又恰逢世界半导体市场周期性低迷，全世界半导体工厂纷纷缓建或停工，工程进退两难。想自力更生持续发展，却发现已经开工建设的超净厂房对未来的发展预留不足，另外与日本电气公司的全方位合作，也招来各方批评。这些质疑，对承载"909 工程"的上海华虹是挑战，也是机遇。决策者和建设者们经过反复权衡，认为半导体集成电路产业有其自身的发展规律，周期性的跌宕是正常现象，如果停下来，不仅影响到华虹，更影响到发展半导体集成电路产业的信心和决心。从中央到地方的领导顶着巨大压力，义无反顾坚持继续建设，"909 工程"成为当时世界上唯一一个不断赶工、加快建设的半导体集成电路工程建设项目。历史的事实最终证明，当时冒着风险、顶着压力的坚持是正确的。由于建设处于半导体集成电路市场低潮期，工厂的建设成本反而大大降低，也加快了建设速度，"909 工程"仅用 18 个月就把工厂建成，比预期提前了 7 个月。1999 年 9 月 28 日，这是一个值得庆贺并被载入中国半导体集成电路产业发展史册的日子，"909 工程"主体华虹 NEC 浦东新厂

正式建成投产，达到工艺线宽 0.35~0.5 μm、8 in、月产 2 万片的生产规模。经通线验收，产品性能指标全部符合设计要求，达到了当时世界先进水平。"909 工程"的建成投产，标志着我国从此有了自己的深亚微米超大规模集成电路工艺制造生产线，进入当时世界半导体集成电路主流工艺阶段。

今天，当我们再一次站在上海浦东这片开发热土上，眺望脱胎于"909 工程"的今日华虹集团的现代化新厂区，一定会由衷赞叹二十多年前工程的决策者和建设者们的勇气、担当与那份坚持。"909 工程"作为探索中国"芯"自主创新道路上一次难能可贵的实践，成功的意义不单单在于完成了一项国家半导体集成电路工程的立项目标，更在于为中国集成电路产业的发展道路进行了一次有益的政策探索和实践，为日后的国家集成电路产业投资基金（大基金），以及"909 工程"二次升级工程实施都积累了众多经验。"909 工程"的建设历程也再一次说明，任何的自主创新都是有风险的，只有勇于直面风险，敢于担当，才会取得最终胜利。

时间来到 2000 年，同样在浦东这片高科技云集的开发热土，作为当时主管上海宏观经济建设的经委副主任的江上舟对上海的科技产业经过细致调研，产生一个强烈想法，就是要在浦东规划建设 3 倍于台湾新竹工业园区的张江微电子开发区，他认为中国必须进一步加快发展半导体，而且上海要敢为先行者，在其努力下，还促成了对半导体集成电路产业意义深远的国务院 18 号文颁布。当时"909 工程"主体华虹 NEC 浦东新厂已正式建成投产（图 7.2），但整体运营侧重于集成器件制造（IDM）模式，在产业运营格局上，江上舟认为还需要一种与"无工厂"模式相配套的晶圆代工制造厂，国内需要顺应发展趋势，进一步布局建设现代化的晶圆代工厂。宏图有了，决心也

图 7.2　上海华虹"909 工程"工厂

下了，万事俱备，只欠东风，这个东风就是需要一个具有世界半导体集成电路制造厂建设和运行管理经验的领军人物。上天眷顾，这个人没让江上舟等太久，2000年农历春节后，江上舟遇到了这个神交已久的人——张汝京博士，这一次见面，两人谁也没有料到彼此的命运就此被改变，而且从此会与一家中国半导体集成电路晶圆制造代工厂的命运交织在一起。

2000年4月3日，中芯国际集成电路制造（上海）有限公司（SMIC）成立，张汝京出任总裁和CEO。8月1日在上海浦东张江再一次响起高亢的打桩声，中芯国际在距离华虹4 km的地方破土动工。从此，在浦东这片热土上，也有了犹如海峡对岸台湾新竹科学园区台积电和联华电子那样具有世界先进水平的半导体集成电路制造代工公司。中芯国际的成立对中国半导体集成电路产业具有划时代的意义，是中国半导体集成电路历史上又一次绚烂的爆发。仅仅在开工建设13个月后，2001年9月25日，中芯国际一厂投产，4个月后实现量产，投产和量产速度均创造了世界之最。利用反周期，仅仅3年的时间，中芯国际用低成本投入又陆续建成了4条8 in生产线和1条12 in生产线。2004年3月，中芯

图7.3　中芯国际厂区

国际在香港上市，2005年成为世界第三大晶圆代工厂。中芯国际还带动了全产业链的发展，支持国产半导体集成电路设备和材料产业发展。中微半导体、上海微电子装备、上海新阳、北方华创、江丰电子等这些国内的设备和材料制造商都在中芯国际先进工艺线中得到历练，中芯国际建立了特有的"中芯文化"，建设了职工居住小区"中芯花园"和"中芯孩子"读书的"中芯国际学校"，形成了一个和谐的半导体社区，中芯国际学校培养的孩子，也许将来从中还会走出"芯"二代，继续担当起发展中国半导体集成电路产业的历史重任（图7.3）。

今天的浦东张江集成电路产业园区（张江集电港）诚如当年江上舟主任等前辈所愿，已成为世界瞩目的半导体集成电路高科技企业聚集地，江上舟主任为半导体集成电路事业奉献了一切，最后殉职在中芯国际董事长任上，让我们记住这位充满激情与理想的战略家。今天，腾飞的中国半导体集成电路产业需要更多新时代的赶潮者！

"卡脖子"下的中国大陆集成电路产业

近年来，中国半导体集成电路利好消息不断出现，从中央政府到各级地方政府都不断加大了对信息产业基石的半导体集成电路从设计、制造、封装、测试到装备（设备）、原材料和软件开发工具全产业链的投入支持力度，并且取得飞速进步，市场份额占比也在持续递增，中国对世界经济和产业的影响日益彰显。作为世界第一经济和半导体大国的美国感到强烈的追迫感，于是故伎重演，借题"威胁论"，以"国家安全""贸易保护"为由头，犹如40多年前上演的打压日本半导体大片一样，仍以贸易战为明面先锋，直奔打击半导体集成电路产业核心目标，第一季、第二季……片集连续不断，但新意不多。

"卡脖子"风险趋势性升级的本质是美国遏制中国产业和技术全面追赶，尤其是要全面扼杀有"工业种子"之称的半导体集成电路产业的发展。究其实质，中美半导体集成电路技术和产业之争，是高技术之争，是未来产业之争，是中美两国国防以及战略利益的全面博弈。40多年前的日美贸易战，特别是日美半导体战争的演进历史为我们提供了"前车之鉴"，前事不忘，后事之师。根本而言，美国对中国遏制与打压表面看似是与经济关联，其实质是有很多政治因素造成的大国博弈，通过谈判难以完全达成协定，加码博弈的局面很难避免。中国应保持自己的战略定力，做好打"持久战"的战略准备，进一步做好自主可控和国产替代的短、中、长期战略与战术布局。

从中兴受罚到华为被禁，"缺芯"之痛触动了每一个中国人的神经，历史几乎从来还没有哪一个产业会如半导体集成电路产业那样引起全体民众的关注，从官媒到自媒体，从正式论坛到街谈巷议，"芯"主题均成为中心。2020年5月15日，美国商务部发表声明称："正在修改一项出口规则，从战

略上严密瞄准华为对芯片的采购。"这项措施禁止任何使用所谓"美国技术"的半导体集成电路制造企业在没有获得美国商务部审核许可的情况下向华为提供产品生产。这也让我们清醒意识到,中国芯片被卡脖子境遇,美国就是通过半导体集成电路限令来卡我们脖子;中国搞定芯片,美国又通过半导体集成电路制造来阻挠;中国搞定半导体集成电路制造,美国则通过制造设备、材料以及设计软件工具来控制。因此,中国半导体集成电路产业发展之路,必定是一条充满困难与挑战的坎坷路,中国走出半导体集成电路产业困境,需要勇气和理性并蓄,担当和谋略共存。半导体集成电路产业几乎是所有现代工业和信息产业的基础,也是改善人民生活和确保国家经济增长的源泉,半导体集成电路应用于通信、运输、医疗保健、商业及国家安全等国计民生的方方面面,必须突出重围,大力发展。

理查德·霍夫斯达特在《改革时代》一书中曾深刻揭示了19世纪以来美国农业经济的结构性变化,以及商业化、工业化过程及其带来的价值分裂。美国实际处于矛盾和分裂之中,既想让中国采用美国更多半导体集成电路产品,又怕中国通过美国半导体集成电路技术实现科技的发展和跨越。我们一方面看到,美国通过种种手段以单边限制策略遏制打压中国的半导体集成电路产业发展,短时内也许会给中国半导体集成电路等高技术产业发展带来一定负面影响,但这也倒逼中国将更加加大力度发展自主可控的半导体集成电路技术,更加花大力气推进半导体集成电路产业的发展。因为,保持高端技术的发展和进步符合中国的国家策略,特别在中国寻求加速经济向新增长模式的过渡时期,这种增长模式更多将依赖于高附加值产品和技术驱动的生产率提高。这会进一步促使中国更加加强知识产权保护和确保与国外半导体公司的公平竞争环境,这些措施也将最终进一步促进中国半导体集成电路技术创新、产业进步和产品的有序竞争。另一方面,对美国而言,如果长期实施单边限制,如同放弃中国市场,如果缺少中国庞大而多元的市场,对美国的整体经济收益而言将遭受巨大损失。反之,中国国内半导体集成电路企业将增加获得美国企业所放弃中国市场经济收益的大约一半,从而使中国能够将其全球市场份额从3%提高到7%左右,并将半导体集成电路芯片设计的自给率从19%提高到25%。如果退出中国半导体集成电路市场造成的经济损失,也将导致美国半导体研发投入支出每年减少大约120亿美元。除了研发

支出削减,资本支出还将减少约130亿美元,并导致美国损失12.4万个就业岗位。降低研发投入将降低美国半导体公司保持其在技术和产品方面领先于全球竞争对手的能力,从而会进一步影响到美国在中国以外市场的份额和产品占有率,这势必极大影响美国半导体集成电路产业创新良性循环的进程与方向。从中长期看,这也将使得美国失去其在半导体集成电路行业的长期全球领导地位。因此,美国出于政治目的遏制中国高技术产业发展,尤其是打压中国半导体集成电路技术与产业进步不是明智之举,伤害双方利益,长远效应是得不偿失。

中美半导体集成电路之争是一场国与国之间综合实力的较量,是一场智慧与信念的比拼,是一场没有硝烟和枪声的战争。当今世界的发展更需要的是融合、合作,需要在人类命运共同体的框架下和谐发展,共同进步,任何妄想卡对方"脖子",阻碍别国发展的行为,都是违背当今世界发展趋势,不利于自身,也不利于全球稳定的作为。

闯关夺隘不负国家重托

半导体集成电路产业是被公认的支撑国民经济发展与保障国家安全的战略性、基础性和先导性产业,它的发展程度是一个国家科技发展水平的核心指标之一,会深刻影响现代社会信息化、智能化进程。在最近20年中国经济深度发展、快速崛起的过程中,半导体集成电路产业被快速推进,这个历程中有一份具有里程碑意义的文件,是它再一次吹响了中国新时期推进半导体集成电路产业蓬勃发展的进军号角,它就是2000年6月24日正式发布的《国务院关于印发鼓励软件产业和集成电路产业发展若干政策的通知》(国发〔2000〕18号),这也就是一直被业界广为称颂和引为指导性文件的"18号文",为进一步完善和细化相关规定,2011年1月28日国务院又发布了《进一步鼓励软件产业和集成电路产业发展的若干政策》(国发〔2011〕4号),亦即"4号文",这是"18号文"的延续。这两个文件进一步明确了新时代中国半导体集成电路产业发展的政策导向,相比以往政策,这次出台的政策对内、外资企业更加一视同仁,甚至不强求外资企业一定要通过合资落地,也不以技术转移为外资企业在中国发展的先决条件。很显然,这些产业政策在

开放性、公平性等方面远远胜过日、韩等周边国家与地区同阶段的政策,这也进一步推动各地方政府的相应措施与政策的落地,上海市政府首先积极响应,2000年12月1日,上海市人民政府印发《关于本市鼓励软件产业和集成电路产业发展的若干政策规定》(沪府发〔2000〕54号)。

我们今天正处在一个世界格局发生重大变化的百年未有之大变局时代,产业发展出现了新机遇与新挑战。在新形势、新要求下,中国更加坚定决心将半导体集成电路产业确定为国家战略性产业,并颁布了一系列政策法规,以前所未有的高度和力度支持集成电路产业的发展。近几年,我们可以深切感受到这种实实在在的推进强度,"集成电路"作为关键词在2014年十二届全国人大二次会议上所作的政府工作报告中被首次提及,2018年的政府工作报告中更是把"集成电路"作为首位强调。回顾集成电路在政府工作报告中的述及,此前作为信息产业的基础领域,"集成电路"四个字极少直接出现在政府工作报告中,而通常是以"信息产业""新兴产业"等一言涵盖之。2014年政府工作报告首次专门把集成电路与先进制造、新能源、新材料等战略性产业并列呈现,且明确提出要"赶超先进",重视程度的变化不言而喻。同年6月,国务院还正式颁布《国家集成电路产业发展推进纲要》,更加具体地将政府工作报告中的引领性原则制定成实施纲要,纲要出台3个月后的9月,被称为"大基金"的国家集成电路产业投资基金成立,一期募资1387亿元,这是我国历史上第一次为一个产业单独设立产业基金。

半导体集成电路产业毫无疑问是支撑中国数字经济和信息产业发展的战略性产业。"十三五"期间,面对错综复杂的国际形势,特别是突如其来、横贯全世界的新冠肺炎疫情的冲击,中国集成电路产业规模仍然强劲地跃上一个新的台阶,产业结构持续优化,展现出了一种良性循环的发展韧性和产业张力。展望我们刚刚步入的"十四五",中国进入全面建设社会主义现代化国家新征程,对集成电路产业自主创新能力的提高,以及对实现科技自立自强、支撑国民经济转向高质量发展和推动形成新发展格局提出了更高要求。在《中共中央关于制定国民经济和社会发展第十四个五年规划和二〇三五年远景目标的建议》中,集成电路与人工智能、量子信息等一起被重点布局为"十四五"时期需要"强化国家战略科技力量"的重要领域。因此,深刻认识我国集成电路产业在"十三五"时期的发展情况与主要问题,持续加大国家战略性扶持力度，以期在"十四五"时期加快破除"缺芯之痛"痼疾，具有极其重要的战略意义。

"十三五"期间中国集成电路产业总体规模结构实现历史性跨越，规模快速增长。从"十三五"开局的2015年，中国集成电路产业全年销售额3609.8亿元，其中三项主业：设计、制造、封测的销售额分别为1325亿元、900.8亿元及1384亿元，发展到"十三五"收官的2020年中国集成电路产业规模达到8848亿元，设计、制造、封测三业的销售额上升到3778.4亿元、2560.1亿元及2509.5亿元，总体规模年均复合增长率接近20%，三项主业的年均复合增长率分别为23%、23%、13%。从发展规模和速度来看，五年内产业成长速度保持平稳和较快发展，三项主业发展情况相对均衡。"十三五"期间中国集成电路产业链结构不断趋向合理，2015年，中国集成电路设计、制造、封测三项主业的占比分别为36.7%、25.0%和38.3%，封测业所占比重相对较高。随着中国集成电路设计和制造业的快速发展，到"十三五"末的2020年中国集成电路设计、制造、封测三项主业的占比分别为42.7%、28.9%、28.4%，达到了中国集成电路产业"十三五"发展规划中的既定产业结构目标4：3：3。"十三五"期间在自主能力实现方面有了新提高，特别在集成电路关键产品、集成电路装备（设备）以及基础材料等方面的自研自给能力都得到不断提升。通过《核心电子器件、高端通用芯片及基础软件产品》（简称"核高基重大专项"，即01专项）和《极大规模集成电路制造技术及成套工艺》（即02专项）等国家科技重大专项项目的持续支持，到"十三五"结束的2020年，中国在高性能处理器、大容量高密度三维非挥发闪存存储器（3D NAND）和第四代双倍速内存（DDR4）等半导体集成电路产品领域实现从无到有的突破，并进入和国际头部企业同台竞争的阶段。在国家重大科技专项的实施带动下，中国面向主流工艺节点的关键集成电路设备国产化验证效率显著提升，化学机械抛光设备（CMP）、介质刻蚀设备、清洗设备等主要装备（设备）进入先进工艺节点验证阶段，国产先进封装设备采购比例达到79%，节约设备采购资金30%以上，七大类别数百种关键工艺材料的品种国产覆盖率超过25%，为"十四五"中国继续增强集成电路产业链、供应链自主可控能力奠定了坚实基础。"十三五"期间，在"产、学、研、创"方面实现新突破，在前沿技术创新上涌现出很多新成果，特别在可重构计算架构、类脑计算架构和存算一体的创新研究上做出一批具有世界领先水平的成果。此外，以自主知识产权为基础开展研发提出的"X-Tacking"存储器新架构是首次在存储器领域提出重要的新架构和技术路径。学术界、产业界在科技成果体现方面也奋起直追，在论文数量和技术含量上都有了显著提升。"十三五"期间应用协同抓住新机遇，大大推动了中国半导体集成电路产业上下游联动合作，促进市场成为产业增长的主要引擎。2015年中国集成电路产业普遍面临着产业链上下游严重脱节、协同合作不多的局面，经过努力，到"十三五"末的2020年，在日趋复杂的国际环境以及产业多元化的态势下，中国集成电路产业链开始实现大规模协同合作，用资本和市场积极扶持集成电路产业链。"十三五"期间与资本融合实现新成果，政府通过"大基金"和"科创板"并结合各类市场资本和金融手段，积极推动半导体集成电路产业发展，2014年启动的"大基金"，在2015年开始运作。在"十三五"时期，"大基金"一期1387亿元通过极强的示范作用，带动地方与社会资金投入集成电路领域达数千亿元。"大基金"二期更是以2041亿元的规模于2019年底亮相，并有望带动超万亿的社会资本进入半导体集成电路产业。"科创板"在2019年正式出台，旨在大力支持半导体集成电路等硬科技产业，为其发展创造了历史性机遇。"科创板"降低了资本市场对集成电路企业盈利条件的门槛，允许未盈利的集成电路企业也可以发行上市，一方面解决了集成电路企业创新起步难的问题，另一方面也为社会资本投资集成电路企业提供了确定性更强的退出机制，可以吸引更多社会资金投入，有利于进一步畅通科技创新融入金融资本和实体经济的大循环。"十三五"期间，区域格局实现新变化，中国半导体集成电路产业区域结构从"三核心"演变为"一超多点"的基本布局。"十三五"初的2015年，中国集成电路项目全年总投资额仅为760亿元，大部分集中在北京、上海、深圳三座核心城市及周边区域。到了"十三五"末的2020年，全年落地478个集成电路项目，总投资额接近6000亿元，遍布在全国超过23个省市，其中上海落地项目和投资总额均占到全国项目和投资额总数的10%，已经成为国内集成电路产业集中度最高、产业链最完善、综合技术能力最强的半导体集成电路超级重镇，上海也按中央战略部署建立起集成电路、人工智能、生物医药三大创新高地。在粤港澳大湾区、长江经济带等地区也涌现出诸如湖北武汉、安徽合肥、江苏南京和无锡等多

个各具特色的集成电路产业快速发展城市。

虽然通过一系列的政策推动、资金和项目扶持,中国半导体集成电路产业,尤其是"十三五"期间取得了诸多令人瞩目的进展和成就,产业总体保持稳步发展。但是,我们仍需要清醒认识到在半导体集成电路产业高端化突破、复合型、专业型人才培养体系建设、基础科学与技术研究进展等方面我们仍然有很多需要努力提高的地方,主要表现在解决"卡脖子"问题的重要科技成果尚显不足,还需要更多具有产业影响力的领军企业出现,进口集成电路产品数量和金额依然居高不下,大部分关键产品仍处于中低端水平的局面尚未完全解决。2020年国务院出台新"8号文",即《新时期促进集成电路产业和软件产业高质量发展的若干政策》(国发〔2020〕8号),国内已有超过30个省市及开发区出台了相应配套的集成电路专项政策,这些新的推进和鼓励政策的实施,将进一步提升中国半导体集成电路产业应对变化的能力,有利于中国半导体集成电路高端技术与产品的研究与实现,也有利于中国成规模地吸引和集聚世界级、领军型高端集成电路人才,这些都将更有助于中国半导体集成电路产业健康发展。

在百年未遇之大变局下,中国半导体集成电路产业发展进入新业态。在技术侧,摩尔定律趋于终结,呼唤新的技术突破;资本侧,国家政策利好不断,资本投资、并购热情不减;产业侧,开放融合方兴未艾,又受地缘政治与多元需求的影响。凡此种种,都给中国半导体集成电路产业新发展带来机遇的同时也带来巨大挑战,处于"两个一百年"伟大复兴的历史交汇点,我们必须充分利用国际国内双循环,大力发挥超大规模市场优势,勇于面对复杂国际形势和多变的地缘政治环境影响,牢牢抓住历史赋予的机遇,敢于突破体制、机制束缚,坚持加大政策创新力度,在国家发展新阶段,咬定青山不放松,披荆斩棘,闯关夺隘,不负韶华使命,不负民族希望,不负国家重托。

第八章　世界集成电路的未来
——集成电路技术展望

半导体集成电路诞生60多年来，无论在器件结构，还是在单芯片集成规模方面都有巨大的进步。由此，对半导体集成电路的设计方法、工艺实现等诸方面提出越来越高的要求。同时，随着应用多元化趋势越加显著，应用端反过来也促进半导体集成电路从单一功能设计向系统集成具有复合功能设计转变。以至于评价和预测半导体集成电路发展趋势维度，也从单纯以器件结构和工艺物理尺寸微小化维度趋向于以系统总体要求出发，递推器件和技术支撑的维度演进。产品实现方式将从单一器件规模集成逐步发展为更加注重系统集成，后期封装的工艺实现将突破单纯的物理包封范畴，会以集成系统为目标，提升和加强多维结构封装集成系统实现能力。进入后摩尔时代，半导体集成电路将会出现更多新技术，形成更多产品新形式。

多元并行的设计

随着半导体集成电路技术的飞速发展，先进工艺技术循着摩尔定律得到了长足进步，半导体集成电路特征尺寸从微米级、亚微米级、深亚微米级、超深亚微米到纳米级一路进阶，工艺技术的进步在不断推动半导体集成电路的功能、性能提升的同时也深深影响到半导体集成电路本身结构复杂度的加大和设计难度的加深。一代工艺影响一代器件，一代器件影响一代电路。当今半导体集成电路设计方法早已突破最初的从器件单元结构设计进而形成

电路设计、从基于标准单元（Cell）、宏单元（Micro）以及通用类知识产权功能模块（intellectual property，IP）和基于电子设计自动化软件（Electronic Design Automation，简称EDA）的单纯硬件设计方法演进到更加注重软硬件协同的全域化设计和可重构结构为基础的设计。这种设计方法的根源性变化将更加符合未来半导体集成电路技术和系统应用的发展趋势，这也可从反映全球半导体集成电路产业最知名的发展蓝图——"国际半导体技术路线图"（ITRS）目前正在转变为"国际器件和系统路线图（IRDS）"的趋势，感受到世界半导体集成电路发展格局发生的方向性变化。技术路线图作为一种提供给决策者对各种战略上的可能性进行确认、评估和选择，并在未来科技发展远景上达成一致的参照系，近年来被很多国家和组织用作进行科技发展规划、战略政策制定的依据。自1947年晶体管诞生和1958年集成电路发明以来，半导体集成电路技术沿着摩尔定律引导的方向一路向前迅跑。1992年在半导体集成电路发源地的美国，以美国半导体行业协会（SIA）为主体编写了美国国家半导体技术发展路线图（National Technology Roadmap for Semiconductor，NTRS），以梳理行业发展规律，分析行业发展方向。1998年，由SIA提议，邀请欧洲半导体行业协会（ESIA）、日本电子和信息技术行业协会（JEITA）、韩国半导体行业协会（KSIA）和中国台湾半导体行业协会（TSIA）参加，对NTRS进行更新完善，于1999年在完善NTRS基础上发布了第一版国际半导体技术发展路线图（International Technology Roadmap for Semiconductors，简称ITRS），之后每2年更新一次，截至2015年，累计发布了9个版本。之后，由于摩尔定律趋于极限，大量新材料不断涌现、新型系统结构被提出，大数据、云计算等泛半导体领域得到推广应用，以摩尔定律为引领，以减小特征尺寸、提高集成度、纯粹追求更低成本为导向的ITRS向2017年首次发布的以系统应用与集成为导向引导半导体集成电路技术与产品实现的国际器件与系统路线图（International Roadmap for Devices and Systems，简称IRDS）转变。ITRS究其实质，其本质就是半导体集成电路集成度的提高，但随着半导体集成电路特征尺寸缩小至10 nm以下，出现电子衍射极限和量子效应的挑战，由此进一步降低尺寸的难度急剧加大，提高单个芯片上晶体管数量的周期已经延长到30个月以上，摩尔定律趋于极限，半导体集成电路由原来单纯追求单芯片集成度逐步转向更多关注系统架构与系统集成，由此开启IRDS时代。未来半导体集成电路设计将更加突破现有仅专注芯片器件结构为基础的设计方法与设计流程，需要更多注重系统架构设计，加强软硬件协同全域化半导体集成电路设计实现。现在一辆高端的智能汽车所搭载的软件代码量已经超过一亿行，远远超过互联网软件甚至小型飞机控制系统，再有我们将来希望实现的自动驾驶汽车，它所需要的运算量已经超过了每秒十万亿次的浮点运算，相当于每天带着400台16寸家用电脑一起旅行。随着应用场景更加多元化、碎片化，处理的数据量越来越大，未来对半导体集成电路在算力结构设计、可重构架构设计、存算一体化设计，以及由此带来的低功耗处理和可靠性设计等方面都是将来需要建立的有别于现有传统设计方法与流程的新设计与验证方法和环境。此外，工艺技术越先进，特征线宽尺寸达到5 nm、3 nm、甚至2 nm、1 nm，在这样的器件线宽尺寸下，不同阈值（Vt）的器件之间将会存在更多漏电流，由此设计过程中的布局布线一定有别于现在的软件工具设计方法与验证流程，大概率将是电子设计自动化（EDA）结合人工智能（AI），以及融合云和电子设计自动化（EDA）的半导体集成电路设计新方法被大量应用，多元并行的设计方法将使半导体集成电路设计自动化效率更高，验证充分性和覆盖率更好。

相互交融的制造

自1959年美国仙童半导体公司的"天才仙童"诺伊斯等人发明半导体集成电路平面工艺以来，在长达60多年的时间里世界几乎所有的半导体集成电路制造公司所采用的工艺技术都是基于平面工艺，一代工艺影响一代器件，在平面工艺主导下，半导体器件的基本结构也是一种由表面载流子迁移形成器件表面电流的平面结构器件。在工艺节点20/28 nm之前，半导体集成电路工艺发展和半导体器件特征线宽以及集成规模度都很好地按照摩尔定律所预测的发展轨迹递进。当我们今天乘着摩尔定律这辆天使号半导体集成电路列车一路飞驰到20/28 nm工艺节点站点时，我们突然发现传统的平面器件在越来越小的特征线宽和越来越复杂的半导体集成电路性能要求下已力不胜任，眼看摩尔定律行将终结，再也无法实践时，一位华人科学家大胆地设想把原本平卧着的器件把它竖起来，这种看似异想天开的半导体器件结构犹如鱼背上的鱼鳍一样，所以这种新型半导体器件被称为鳍式场效应晶体管（FinFET），发明这种立体结构晶体管的科学家是一位非常值得我们尊敬的华人科学家，他就是1947年出生于北京豆芽菜胡同，在台湾长大，后来考入美国加州大学伯克利分校先后获得硕士、博士学位的胡正明教授，如今三星、台积电等仍可沿着摩尔定律一路做到14 nm/16 nm，甚至5 nm、3 nm、1 nm都依赖这项技术。FinFET创造性地实现了两个重大突破，一是把半导体集成电路器件结构做薄后解决了漏电问题，二是向纵向发展，晶体管结构从水平变成垂直。在FinFET器件结构和制造工艺以外，三星公司也在积极推动全能门（GAA）结构的制造工艺的实现。全能门与鳍式场效应晶体管的不同之处在于，全能门结构晶体管是一种围绕着沟道的四个面周围都有栅极（Gate）的结构，从而确保了减少漏电压并且改善了对沟道的控制（图8.1）。在当今系统应用对高算力的需求越来越强烈的驱动下，势必会进一步推动半导体集成电路的规模不断加大，也势必推动基于新型半导体晶体管结构的集成电路工艺制造能力不断提升。

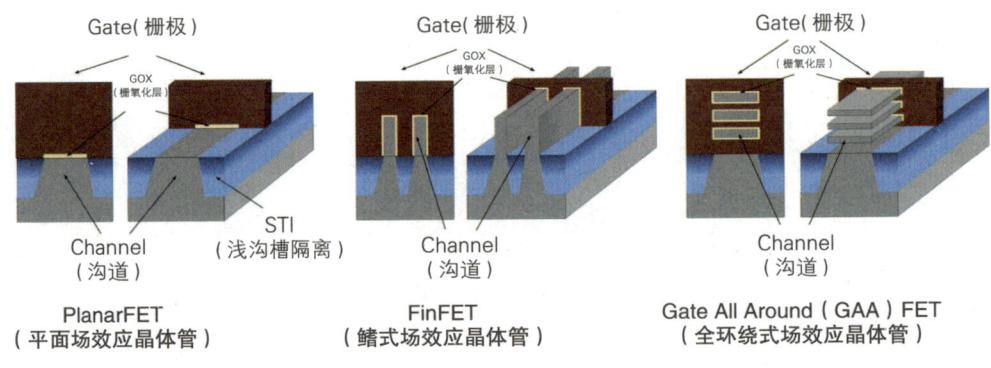

图8.1　三种晶体管结构

工程师们也注意到，随着作为集成电路基础的半导体晶体管的尺寸被不断缩小，也将导致栅氧厚度和源漏间距也进一步减小，栅漏电流以及源漏间的漏电流急剧增加，传统的SiO_2和SiON都已经无法满足半导体集成电路制造的需求。为了克服这些问题，只能采用相对介电常数较高的高k介质替代传统的SiO_2介质。高k栅介质能够在保持栅电容不变的同时，增加栅介质的物理厚度，达到降低栅漏电流和提高器件可靠性的双重目的，用高k材料替

代传统的 SiO_2 和 SiON 介质将成为必然，高 k 金属介质栅（HKMG）将是未来半导体集成电路制造工艺的主流。

随着应用更趋多元，对系统集成将提出更多要求，这将势必推进半导体集成电路多芯片系统集成工艺的实现，在前道半导体集成电路芯片工艺制造阶段将突破现有单一晶体管、元器件结构实现和布线连接实现的半导体集成电路芯片制造加工范畴，将更多融入兼顾后续多芯片系统集成的硅通孔（TSV）、晶圆贴合实现等工艺技术，这些工艺融入半导体集成电路芯片制造工艺，是将来更多实现系统集成的半导体集成电路制造工艺发展趋势所在。同时，在半导体集成电路工艺实现全流程中，封装环节将突破以往仅仅是作为一种组装包封的内涵，将延伸到以不同材质为基板，结合现代技术手段实现系统集成为目标的先进封装，并且会与半导体集成电路芯片制造工艺相交互，以半导体集成电路制造工艺预制的硅中介连线层（Interposer）为基板，通过连接工艺将多个芯片与硅中介连线层基板相结合的 2.5D 封装形式将被更多用于实现系统集成半导体集成电路。此外，基于多芯片堆叠封装的产品实现方案也将是未来大容量存储器等半导体集成电路产品实现可选的制造方法。

人工智能、大数据应用以及现代通讯（5G、6G）等都对半导体集成电路功能、性能提出更高要求，很多高性能、高精度应用的半导体集成电路都需要在测试阶段采用程序化进行精细微调与参数修正，这些后续的微细调整和修正，都需要在前道半导体集成电路芯片工艺制造中予以制备用于将来进行微细调整和参数修正的修正器件结构（Option），这些结构将与组成半导体集成电路的其他晶体管、元器件一起进行精细加工，并满足可靠、适用、最优要求。

我们可以清晰地感受到，今后的半导体集成电路芯片制造、封装、测试等制造工序将不是以往传统意义上仅仅需要达到各自阶段制造实现目标要求的相互独立的分阶段实现过程，而是不同阶段互有要求，互为影响的一体化全产业链工艺制造实现过程，是一种相互交融的制造联动过程。

精细精准的设备

半导体集成电路技术发展到今天，已规模化进入 14 nm、7 nm 工艺节点，器件结构也从单一化的平面结构发展到纵向 3D 结构，这些都对半导体集成电路制造设备在多元复合工序完成以及精细精准等功能、性能方面提出更多需求，这也引导未来半导体集成电路制造设备发展的方向。半导体集成电路设备发展进步与半导体器件结构的进步相辅相成，器件结构的进步又反推半导体集成电路设备朝更先进方向发展，设备不断进步和先进性的保证，也保障先进器件的实现。现今半导体集成电路的特点主要对制造设备带来两大挑战，一是特征尺寸的不断缩小，要求设备具有更精细化结构的处理能力；另一个是，半导体集成电路器件结构从原先传统的平面结构朝纵向3D结构演进，这对制造设备提出比以往更高的精准要求。此外，鉴于现代半导体集成电路制造难度和实现复杂度越来越高，为提升制造工序效率并更能保证工序间匹配度，对制造设备多元复合工序处理能力也提出新要求。一条先进的半导体集成电路制造生产线建设需要投入上百亿美元的投资，其中70%~80%的经费用在配置制造设备上。

从半导体集成电路技术发展趋势可以看到未来制造设备将面对微细化和精准化两大挑战，这两大挑战更多反映在光刻设备和刻蚀设备两类设备上。半导体集成电路工艺技术一路发展，也依赖于先进光刻技术的发展，光刻技术的不断提升也极大保障了半导体集成电路集成度和性能不断提高。在摩尔定律的引领下，光学光刻技术经历了接触/接近、等倍投影、缩小步进投影、步进扫描投影等曝光方式的演进与变革。曝光光源的波长由以高压放电汞灯为光源的436 nm（G线）、365 nm（Ⅰ线），发展到以KrF准分子激光器为主要光源的248 nm（KrF），再到ArF准分子激光器为主要曝光源的193 nm激光。工艺技术节点也由此从微米级一路推进到纳米级。集成电路的工艺技术发展随着光学光刻技术的不断创新向前推进。先进半导体集成电路工艺技术还会进一步延伸，为了延续摩尔定律，光刻技术需要每两年把器件特征线宽精细曝光尺寸（CD）缩小30%~50%，这就需要不断降低光刻机的曝光光源波长。波长为13.5 nm的极紫外光刻（Extreme Ultra-violet，EUV）将是新一代半导体集成电路光刻工艺的依托技术。

随着半导体集成电路新一代器件结构的发展，特别是器件结构由原先传统的平面型向纵向3D结构发展，对半导体集成电路制造刻蚀设备提出新要求，这也是现代半导体集成电路设备的另一个挑战。理想的刻蚀工艺必须具有以下特点：① 优良的各向异性刻蚀特性，即只有垂直刻蚀，没有横向钻

蚀。这样才能保证精准地在被刻蚀的基材上刻蚀出与光刻抗蚀剂（PR），也就是显影后的光刻胶上完全一致的几何图形；②良好的刻蚀选择性，即能精准控制刻蚀区和非刻蚀区的刻蚀速率，保障微细刻蚀区域的形成；③多元的生产适用性，即加工批量大，控制容易，精准性、重复性好，成本低，对环境污染少，适用于工业生产。今天鳍式场效应晶体管以及3D NAND型闪存（FLASH）等新型半导体器件结构对刻蚀精准度的要求远高于以往平面半导体集成电路制造要求，特别是各向异性垂直刻蚀对新一代半导体集成电路刻蚀设备的刚性需求将会越发突显。

此外，现代半导体集成电路对晶圆加工、高端封装、高性能测试在多元复合工序完成功能、性能等方面也提出新要求，这些都将引领半导体集成电路设备朝着精细程度更高、精准程度更可控、工序效率更有效等方向发展。器件发展与工艺、设备三者的联系更紧密，融合度更高，精细、精准成为新一代半导体集成电路设备置顶的关键词。

复合多样的材料

半导体材料是保障半导体集成电路实现的重要基础。在半导体集成电路制造过程中，每一个阶段都需要用到相应的原材料，材料质量的好坏将极大影响到最终半导体集成电路的功能、性能和可靠性。半导体集成电路制造实现所必需的衬底材料——大晶圆，是制造半导体集成电路的基础材料，目前有两大类晶圆材料，一类是目前用量最大的硅单晶材料，硅单晶材料是半导体集成电路制造中最重要的材料，约占整个半导体集成电路晶圆制造所用原材料价值的1/3。目前，90%以上的半导体集成电路是用硅单晶圆片作为衬底制造出来的，整个半导体集成电路产业就是建立在硅材料之上的产业，硅单晶圆片质量对半导体集成电路制造至关重要。假如原始硅单晶圆片上有缺陷，那么最终半导体集成电路芯片上也肯定存在缺陷。随着半导体集成电路技术的发展和市场需求的增长，大尺寸硅单晶圆片占比将逐渐提升。目前半导体集成电路工艺制造中 8 in 和 12 in 硅单晶圆片还处于并存状态，今后，12 in 硅单晶圆片在半导体集成电路制造中使用占比将不断提升，成为主流。但值得注意的是，大尺寸高纯度、低缺陷硅单晶圆片投入资金大，研发周期长，是技术壁垒和资金壁垒都很高的产业。再则由于下游客户认证时间长，硅单晶圆片厂商需要长时间的技术和经验积累来提升产品的品质，满足客户需求，以获得客户认证。目前全球硅单晶圆片市场处于寡头垄断局面，全球半导体硅单晶圆片产业销售额前五名企业的市场份额分别为：日本信越化学（Shin-Etsu）约占27%，日本胜高（SUMCO）约占26%，中国台湾环球晶圆（Global Wafers）约占17%，德国世创（Siltronic）约占13%，韩国SK Siltron约占9%，前五名的全球市场市占率超过90%，市场集中度高。近年，中国也在积极布局大尺寸硅单晶圆片产业，上海新昇半导体科技有限公司已基本形成硅单晶生长、圆片加工、外延片制备、分析检测等硅单晶圆片产业化成套量产工艺，建成300 mm（12 in）半导体硅单晶圆片的生产基地，形成300 mm（12 in）半导体硅单晶圆片国产化生产能力。

随着微波器件及光电子器件的发展和应用需求不断扩大，特别是需要具备大功率、高频、高速性能，以及能在高温等恶劣环境中工作的半导体集成电路，现有的硅器件或砷化镓（GaAs）器件所无法满足的。这些新需求呼唤适合制造高频、高功率、耐高温的半导体器件的材料出现，宽禁带化合物半导体材料由于其特有的性能将成为今后与硅材料并存的新一代半导体集成电路材料。由于宽禁带化合物半导体材料具有比硅材料宽得多的禁带宽度，使得宽禁带化合物半导体材料一般都具有比硅材料更高的临界雪崩击穿电场强度和载流子饱和漂移速度，以及具有比硅材料高的热导率。因此，基于宽禁带化合物半导体材料，如基于碳化硅（SiC）材料设计制造的电力电子器件将具有比硅器件高得多的耐受高电压的能力，并且具有低得多的导通电阻以及更好的导热性能和热稳定性，更可贵的是与硅器件相比具有更强的耐受高温和射线辐射的能力，这些性能指标与硅材料制造的相比较都是成数量级地提高。与碳化硅（SiC）互为姐妹的氮化镓（GaN）材料由于比碳化硅材料具有更好的高频特性，在现代通信半导体集成电路领域备受关注。碳化硅和氮化镓成为宽禁带化合物半导体材料应用的代表，从单晶硅材料到以碳化硅和氮化镓为代表的宽禁带半导体化合物材料，今后半导体集成电路所用材料将更加多样化。

融于生活的应用

当今的社会由信息化更向着智能化方向发展，信息是人类社会最重要的战略资源之一，也是实现智能化的基础。人类在认识世界、改造世界的一切有意义的活动中都离不开对信息资源的开发、加工和利用。信息技术作为管理和处理信息数据的关键技术，是人类文明不断向前发展的重要技术手段之一。而处理信息数据必须依靠硬件支持的计算机系统，计算机系统与终端中最重要的组成部分莫过于半导体集成电路，因此，半导体集成电路成为了信息系统中决不可缺失的核心部分，它是整个信息技术领域中最根本的技术支柱，直接决定着信息技术的发展。如果集成电路技术能够为计算机提供一个很好的中央处理器，那么，计算机的处理速度就会得到飞速提升，因此对信息的有效管理和处理，会使终端速度大大提升。当计算机对信息的管理和处理效率得到提高，就会使得信息的处理能力不断得到提升，信息处理能力的提升意味着可以使信息与智能应用产生更多的结合点，在将来更好地为全人类服务。由此可见，半导体集成电路在信息技术智能化领域中的应用是信息技术领域的最关键之处。同时，我们也可以体验到，以半导体集成电路为基础的智能医疗电子终端设备也将发展迅速，因为这一类的智能医疗电子产品往往在小型化、集成化、网络化、数字化和智能化等方面有更多要求。在医疗保健电子设备中，我们耳熟能详的电子助听器、电子血压计、便携式血糖仪等电子医疗保健设备应用已经很普遍了，今后这些融入生活的电子医疗保健设备更会结合云处理、云交互、个性自动识别等智能化特性给大众生活带来更多便利。同时，内部含有半导体集成电路的医用核磁共振仪、计算机断层扫描仪、超声诊断仪和X光机等都是各个医疗机构的必备医疗设备。

近几年来，互联网、人工智能是被人们提到最多的词语，其研究领域有机器人、图像识别、机器学习等。有的人可能觉得，人工智能更倾向于软件与系统控制层面，跟半导体集成电路芯片关系不大，其实不然，人工智能与半导体集成电路产业息息相关，在各种人工智能产品上，人工智能芯片是最为重要核心的一环，它也被称为人工智能加速器或计算卡，即专门用于处理人工智能应用中z的大量计算任务的模块。此外，用于数据信息存储的存储

芯片等都反映了人工智能领域与半导体集成电路有着不可分割的紧密关联。人工智能产品需要半导体集成电路技术提供电路系统等控制系统支持，而半导体集成电路在人工智能领域方面的应用也进一步促进了自身的发展。

半导体集成电路芯片在我们生活中如影随形，正是这个外形纤细小巧，但内聚无限技能的小小精灵，让我们的生活变得连接无距离、信息无时差、处理无不能，我们有理由相信随着半导体集成电路技术与产业的不断进步发展，人们的生活将能更多享受到科技进步所带来的红利，半导体集成电路技术的进步，犹如当年真空电子和半导体晶体管的发明给人类社会进步带来质的飞跃那样，会给今天的人类社会进步带来更大的促进，更使得技术进步带来的成果更加融入人们生活，使今天人类社会不仅实现信息化，更跃上智能化的台阶，真所谓沙中蹦出的小小芯片正深深改变和融入今天人们的生活。

开放、合作、融合、共赢

半导体集成电路产业无论从技术特质、人才要求、供应保证，还是从市场互融、产业互补等角度，都是最具全球特征的产业。世界半导体集成电路产业发展史上曾经历了二次产业迁移，第一次是开始于20世纪80年代，半导体集成电路产业由美国本土向日本迁移，这一产业迁移成就了东芝、松下、日立等知名半导体厂商；第二次产业迁移是20世纪90年代末期到21世纪初，由美国、日本向韩国以及中国台湾地区迁移，造就了三星、海力士、台积电、日月光等行业领先者。随着5G（6G）、智慧物联、人工智能等新一代信息化、智能化时代的到来，再加上中国综合国力的不断提升，经济实力不断强盛、产业发展环境不断完善、人才聚集吸引力不断加大、政策支持和资本环境不断优化，以及中国大陆的半导体集成电路产业在众多领域实现快速与全面布局，正驱使全球半导体集成电路产业再一次从韩国、中国台湾向中国大陆进行第三次迁移。毫无疑问，中国已经成为当前最大的半导体集成电路应用市场，并且保持持续发展的增速。

在这些年的半导体集成电路产业发展历程中，我们可以清晰地看到国际分工模式逐渐由产品分工转向要素分工，世界半导体集成电路产业发展道路上的每一次迁移过程都带动了产业区域科技与经济的腾飞。纵观这些产业迁移和格局的变化，毫无例外都是从互惠合作开始，这也是半导体集成电路产业有别于其他很多传统工业的地方，这也预示半导体集成电路产业势必是一个需要相互合作，才能走得更长久的产业。这也可以从半导体集成电路产业的技术链、人才链、产业链、市场链、资本链几个方面看到半导体集成电路产业任何一个发展维度只有合作才会有前途，下面就让我们走进半导体集成电路产业圈，细细触摸一下半导体集成电路产业这几条互为依存，又互为促进的关系链。

先让我们拾起技术链，我们可以看到在技术链上分布着半导体集成电路设计、制造、封装、测试、装备（设备）、材料、软件（EDA 工具、系统软件）、系统应用等众多分支技术，这些技术无论在半导体集成电路设计开发、工程制造，还是在应用实现等各个环节都是缺一不可，而这些技术所涉及的基础学科、理论研究、工程开发、产品实现等要求又不尽相同，各方面都需要有长期的专业积累和工程实现基础，绝不是一朝一夕，一蹴而就就能实现，这也充分告诉我们，半导体集成电路技术涉及门类繁杂、技术门槛极高，不是世界任何一个国家，更不会是一家企业全部能够自己包罗单独实现得了的，一定需要与世界各国的各个相关行业开展相互合作才有可能最终达到目标彼岸。

再让我们握一握人才链，感受一下半导体集成电路产业对人才的需求，纵观半导体集成电路行业的人才需求，可以看到需要三大类人才：一是从事基础研究和技术开发的专业技术型人才；二是具有专业管理知识和能力并熟悉半导体集成电路市场，具有战略眼光的高端专业管理人才；三是兼具专业技术实现能力，又具产品实现能力的专业产品工程管理人才。今天产业的各细分阶段、区域边界更加趋于融合，上游端的半导体集成电路设计开发向下游端的系统应用渗透，以期使半导体集成电路设计开发与系统应用更加紧密结合，形成今天很多设计公司派生出系统开发部门或公司的局面，而同时我们也会看到很多系统应用公司也会派生出设计公司，也就是处于下游端的系统应用在不断与上游端的设计开发融合，这种新趋势下，半导体集成电路产业对人才的要求越来越高，不仅需要本土专业人才，也需要国际化人才加盟。因此，对于半导体集成电路产业，不仅基础研究人才培养要进行国内、国际交流，产业人才更需要国内外优秀人才合理交流、合作与加盟，唯有如此，

产业才会更具国际视野、世界格局。

再来携手一下产业链,感受感受半导体集成电路独特的产业链魅力。半导体集成电路产业链从最上游的设计,到中段的制造、封装和测试,再到下游的系统应用,其间还有装备(设备)、材料、软件,半导体集成电路产业链涉及的方面和领域非常广泛,产业依托需要众多技术予以支撑,技术复杂性极高,产业结构高度专业化,产业链在上述大节点中还有诸多细分环节,比如在设计端,还有细分的设计服务、具有知识产权的重用模块(IP)开发服务等细分支撑环节,再比如制造大节点中还会关联掩模(MASK)制造等细分环节,产业链各个阶段、环节分工极其明确。如此复杂且环节纷繁绵长的产业链,客观上必须借助各种资源协同才能完成一个半导体集成电路产品从概念到设计实现、工程制造,再到产品应用的全产业链联动。我们经常可以看到一种集成电路产品从设计开发到制造实现周游全球的现象,比如一个半导体集成电路产品在美国设计开发(其间会用到其他国家或公司开发提供的IP),设计好的数据(GDSII格式数据)被送到日本或中国台湾地区的掩模制造公司进行制版,制造好的掩模版再被送到诸如中国台湾地区的台积电或中国大陆的中芯国际等晶圆代工厂进行晶圆(芯片)制造,制造好的晶圆(芯片)再被送到马来西亚等地进行晶圆级测试(CP)、封装和成品测试(FT),完成后再运回美国送到开发者手里,这是一趟奇妙的周游世界的芯片成长旅行,从一个半导体集成电路芯片的诞生过程,我们可以深切感受到半导体集成电路产业链的国际化、全球化特质。一颗小小的半导体集成电路芯片成长是这样,半导体集成电路产业的材料供给、装备(设备)提供等,也由于专业分工明确,需要开展内外合作。今天我们携手的这条半导体集成电路产业链时时提醒我们,只有合作才会发展,才会共赢。

最后让我们一手托起市场链,一手托起资本链,你一定会感到手心沉甸甸的,因为市场链从某种程度上关系到产业的健康发展。中国是世界上最大的半导体集成电路市场所在,谁赢得中国市场,也就赢得了市场应用的主动权,但市场运作是要符合客观经济和市场规律,市场链的良性运行,既可引导半导体集成电路技术与产业发展方向,又可不断促进产品的优化、升级与换代,所以分量着实厚实沉重。中国的市场很大,我们欢迎全世界半导体集成电路产品走入这个机会多多、魅力永恒的大市场。同样的,中国也需要走

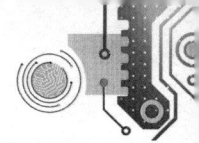

入世界半导体集成电路市场，开阔视野，强强合作，取长补短。今天的市场需要开放，更需要融合，这是人类命运共同体的有机组成部分。再关注一下我们另一个手托起的资本链，现代资本的根本属性就是国际化的资本互动，接轨国际资本运作，中国欢迎外来资本的参加，也愿意输送出去与国际合作，共同进步。

强盛起来的中国，正以一个有担当的世界大国的气度融进世界大家庭。中国半导体集成电路产业也正以积极开放的胸怀热烈拥抱世界，世界半导体集成电路产业俱乐部一定不会缺席中国的身影。

开放、合作、融合、共赢——永远是我们强大自我、融入世界所信守的宗旨！

参考文献

［1］冯锦锋，郭启航．芯路［M］．北京：机械工业出版社，2020．

［2］（日）汤之上隆．失去的制造业：日本制造业的败北［M］．林坚，等译．北京：机械工业出版社，2015．

［3］上海市经济和信息化委员会，上海市集成电路行业协会．2021年上海集成电路产业发展研究报告［J］．集成电路应用，2021（07）．

［4］（美）丹尼尔·南尼，（美）保罗·麦克莱伦．无厂模式：半导体行业的转型［M］．王烁译．上海：上海科技教育出版社，2020．

［5］（美）亚历山德拉·沃尔夫．硅谷创业启示录：创投教父彼得·蒂尔疯狂实验揭开批量化诞生伟大企业的秘密［M］．丛琳译．上海：文汇出版社，2020．

［6］钱钢．芯片改变世界［M］．北京：机械工业出版社，2019．

［7］谢志峰，陈大明．芯事［M］．上海：上海科学技术出版社，2018．

［8］王增藩，刘月．共和国教育家：谢希德［M］．上海：复旦大学出版社，2011．

［9］张忠谋．张忠谋自传：1931—1964［M］．北京：生活·读书·新知三联书店，2001．

［10］高陶．中国芯：战略型科学家江上舟博士传［M］．北京：中国青年出版社，2012．

［11］胡启立．"芯"路历程：909超大规模集成电路工程纪实［M］．北京：电子工业出版社，2006．

［12］朱贻玮．集成电路产业50年回眸［M］．北京：电子工业出版社，2016．